Salomon Hahndorf

Zur Geschichte der deutschen Zünfte

Salomon Hahndorf

Zur Geschichte der deutschen Zünfte

ISBN/EAN: 9783743397026

Hergestellt in Europa, USA, Kanada, Australien, Japan

Cover: Foto ©ninafisch / pixelio.de

Manufactured and distributed by brebook publishing software
(www.brebook.com)

Salomon Hahndorf

Zur Geschichte der deutschen Zünfte

Zur Geschichte

der

deutschen Zünfte.

Von

H. Hahndorf.

Caſſel.
Verlag von Theodor Fiſcher.
1861.

Vorwort.

Es ist meinem „Bericht über ein vom Verein für Handel und Gewerbe verlangtes Gutachten, den zünftigen Gewerbebetrieb betreffend," der Vorwurf gemacht werden, daß derselbe zu allgemein gehalten sei und nicht speciell die Verhältnisse in Kurhessen ins Auge fasse. Es ist das richtig. Um diesem zu begegnen und überhaupt die Angelegenheit uns klarer zu machen, wird es allerdings erforderlich sein, einen Rückblick auf die Gewerbeverhältnisse, wie sie sich in unserm engern Vaterlande herangebildet haben zu werfen.

Eine vollständige Geschichte der Handwerke und des Zunftwesens in Kurhessen zu liefern, möchte aber wohl hier nicht meine Aufgabe sein. Zur Verdeutlichung der Sachlage halte ich es jedoch für erforderlich eine gedrängte Uebersicht zu geben, weil es uns leichter wird, die ganze zur Beant= wortung vorliegende Frage zu übersehen, welche dermalen auf der Tagesordnung der deutschen Volksstämme steht und früher oder später auch bei uns zur Entscheidung kommen muß.

Die Quellen, welche ich zur Bearbeitung dieser Schrift benutzt habe, sind insofern die Darstellung sich speciell auf Kurhessen bezieht, theils die größeren Geschichtswerke, theils die älteren Landesordnungen, theils handschriftliche Notizen und Aktenstücke, während ich zur Auffassung der allgemeineren Verhältnisse die verdienstvollen Schriften des **Dr. F. W. Barthold:** Geschichte der deutschen Städte und des deutschen Bürgerthums, sowie der Geschichte der deutschen Hansa und des **Dr. Victor Böhmert:** Freiheit der Arbeit! benutzt habe.

Kassel, am Jahrestag der Völkerschlacht bei Leipzig 1861.

S. Hahndorf.

Bis über die Karlingerzeit hinaus öffnete sich noch eine ungeheuere Kluft zwischen den Rechtsverhältnissen, der persönlichen Freiheit und Unfreiheit der Bewohner, welche sich in sogenannten Städten zusammengefunden hatten. Geistliche unter römischem Rechte, ritterlicher Kriegsadel, umgeben von Gotteshausleuten und leibeigenen Hofhörigen, welche, nachdem sie ein Handwerk verstanden, auch ihren besonderen Werth hatten, welche, ohne Haussässigkeit, für ihre Herren die nothdürftigsten Handwerke trieben, oder den Acker bestellten, füllten den Raum um Kirchen, Klöster und Pfalzen aus: kaum war die Gattung menschlicher Gesellschaft vorhanden, die ein Bürgerthum im edleren Sinn, der alten freien Volksgemeinde nachgebildet, möglich machte. Bewohner von Stadt und Land waren weder staatsrechtlich noch durch besondere Formen der Rechtsverwaltung anders unterschieden, als daß es in beiden nur Freie und Unfreie gab. Wenn nicht schon in ältester Zeit die namhafteren aus römischem Ursprunge entstandenen Städte besondere Grafen hatten, so vereinigte alle freieigenen Grundbesitzer des Gaues das Gericht der königlichen Grafen, welche aus jenen die Schöffen beim Rechtsprechen wählten; alle Unfreien beharrten unter dem Hofrechte ihrer Herren, des Königs oder der freien Grundbesitzer, welche als Pfalzministerialen und Schöffen über alle Pfalzbehörige, den königlichen Grafen an der Spitze, zu Gericht saßen, oder über ihre Hofhörigen vermittelst aus diesen gewählten Schöffen das Urtheil fanden. Dennoch drängte sich hie und da in altgeschichtlichen Orten ein Stand Mittelfreier zwischen diese Kluft, sei es ein merklicher Rest der alten römischen Bewohner,

1

wie etwa zu Köln oder Regensburg, welche wegen ihrer kaufmännischen Unentbehrlichkeit und Gewerbthätigkeit der Knechtung
entronnen waren, oder welche das städtische Gesellschaftsleben hervorgerufen hatte. Mehr sachlich als persönlich frei, sonderten sich
jene höheren Gewerbtreibenden gewiß nicht aus der Mitte der
wehrständigen Geschlechter, der freieigenen Hofbesitzer ab, indem
kriegerisches Vorurtheil und selbst ein Gesetz König Klothars II.
im Jahr 615 den edlen Franken, wucherische Geschäfte, d. h. die
gesammte Handelsthätigkeit, verboten. So bildete sich, unter der
schmerzlichen Verminderung der Gemeinfreien in Folge des Heer-
bannes, allmälig aus fremden und einheimischen Bestandtheilen im
Frankenreiche eine abgesonderte Kaste von Kaufleuten und Gewerbtreibenden, die gering an Zahl, unter dunklen Rechtsformen in
Städten wohnten, und sich merklich erst vermehrten, als Kaiser
Karl die fremden Zwischenhändler, Slaven, Avaren, vom Reichs-
boden ausschloß und betriebsame Unterfassen zu selbstständigem
Verkehr lockte. Weil aber in diesen Kaufleuten entweder die Erinnerung an die römischen Kaufmannsgilden wieder lebendig wurde,
oder in der Tiefe des germanischen Gefühls die Vorstellung wurzelte,
durch enges Aneinanderschließen als Genossenschaft sich gegen den
Druck Mächtigerer, gegen die Unbilde einer aufgenöthigten Gesetzgebung zu schirmen, erfahren wir, daß schon Kaiser Karl aus
politischer Furcht vor diesem naturrechtlichen Vereinswesen Straf-
gesetze gegen die sogenannten „Gilden“, gegen „Eidgenossenschaft,
Verschwörung“, erließ. Eine so geheimnißvoll wirkende Bildungs-
kraft im bürgerlichen Leben sollte das Verbot v. J. 779 ersticken;
aus Sorge vor staatsgefährlichen Zwecken, welche leicht einem eid-
lichen Verbande zu gegenseitiger Unterstützung in den Wechselfällen
des Lebens untergeschoben werden konnten, belegte Karl in dem
Jahr 794 und 805 die Theilnehmer mit schweren Bußen, ja mit
Todesstrafe oder Verstümmelung, „falls ein Uebel durch die Verschwörung bewirkt sei.“ Selbst, wenn nicht schlimme Zwecke beabsichtigt worden, sollten die Verschworenen sich unter einander
züchtigen; gestattet wurden solche Vereine nur, wenn sie, ohne
beschworene Verpflichtung, in Almosenvertheilung oder in Beistand
bei Feuersbrünsten, oder beim Schiffbruche, was entschiedener

auf die Erwerbsverhältnisse der „Verschworenen" hinweiset, sich bethätigten.

Diese Regung, diesen Grundtrieb im Schooße des keimenden Bürgerthums, bei welchem an politische Umwälzung nicht gedacht werden darf, begrüßen wir als Hebelkraft für die Veränderung des Gesellschaftszustandes; die „Conjuratio" ist schon eine Hansa, eine Form, um einer Gesellschaft frei zusammengetretener Staats-angehöriger durch gemeinsame Anstrengung einen wünschenswerthen Zustand zu sichern, freiere Beweglichkeit zu verbürgen, oder sie im Genusse streitiger Rechte und ehrenhafter Vortheile zu schützen. Aus dem Streben dieser ältesten Genossenschaften, einem unhemm-baren demokratischen Ringen, sind einerseits die Gewerbgilden, die Handwerkszünfte in ihren verschiedenen Richtungen — auf Sicher-stellung der Früchte ihres Fleißes, auf Wehrhaftigkeit als unver-äußerliches Mannesgut und auf gebürenden Antheil am Staate — hervorgegangen, anderseits die freie Commune, der starren Landes-hoheit gegenüber, endlich die Befugniß der einzelnen freien Ge-meinwesen, politische Bündnisse mit einander zu schließen, und als Gipfelpunkt in ihrer großartigen Vielseitigkeit am spätesten die „Gemeine deutsche Hansa."

Erst seit dem Ablauf des ersten Jahrtausend der christlichen Zeitrechnung war die tiefste Nacht des Mittelalters vergangen. Das Entstehen neuer Secten, die in dem Glauben der Kirche keine Befriedigung fanden, die Einführung des römischen Rechts, der Streit der Kaiser mit den Päbsten, in dem neue, mit den kirch-lichen Lehren und Bestimmungen unvereinbare politische Ideen ausgebildet wurden, die Erschließung des Orients durch die Kreuz-züge, wirkten später ein und gingen als Morgenröthe eines an-brechenden neuen Tages voraus.

Nachdem Heinrich I., dieser Beförderer deutscher Kultur, im 10. Jahrhundert die Erbauung vieler Städte bewirkte, gründete er zugleich die städtische oder bürgerliche Nahrung. Es wurden nunmehr viele Handwerker in diese neu erbauten Städte gezogen, und ihnen viele Vorrechte eingeräumt. Zur rascheren Bevölkerung der Städte bestimmte derselbe, daß der leibeigene neunte Mann vom Lande in die Stadt ziehen mußte und dadurch frei wurde.

1*

Bei den Römern waren die Gewerke, in Corporationen getheilt, welche besondere Freiheiten genossen. Als daher das römische Recht in Deutschland eingeführt wurde, kam mit diesem auch diese Gewohnheit dahin.

Die Landesherrn vermerkten bald, daß diese geschlossenen Körperschaften dem gemeinen Wesen Nutzen verschaffen könne, und so ertheilten sie ihnen besondere Vorrechte, bestätigten nicht allein die Zünfte, sondern hielten sie auch in Ehren. Wogegen die Handwerker selbst Niemand in ihre Genossenschaft aufnahmen, welcher nicht ehrbar und ehrlich war.

Hierdurch entstand schon frühzeitig die Bezeichnung: „ehr-„barer Handwerksleute", „ehrbare Zünfte", ehrliche Handwerker", „ehrenhafte Meister", „ehrbare Gesellen."

Es entstand hieraus das Sprüchwort: „die Zünfte müßten so „rein sein, als wenn sie die Tauben gelesen hätten." Die bis dahin bestandene Verachtung der Handwerker in den Städten schwand nun größten Theils und blieb nur auf einigen Gattungen derselben hängen, entweder weil diese auf dem Lande betrieben wurden, oder weil mit ihnen viel Gelegenheit zur Untreue und Dieberei verbunden war.

So viel auch in dieser Zeit für die Handwerker geschah, so läßt sich doch schwerlich die eigentliche Zunftverfassung von da an ableiten und ihr Ursprung ist erst im 12. Jahrhundert zu suchen.

Von hier an aber finden sich nach und nach ziemlich viel Beispiele von Kaiserlich oder Landesherrlich bestätigten Innungen.

Die Handwerker fühlten sich dadurch bald so gehoben, daß sie Ansprüche auf die Mitverwaltung der städtischen Regierung machten; wie wir dies in Kassel, Hanau, Hofgeismar, Fritzlar 2c. finden. Ihre Anmaßungen wuchsen rasch, und dies gab schon zu Anfang des folgenden 13. Jahrhunderts Anlaß, daß die Kaiser die Innungen hin und wieder wie z. B. Friedrich II. im Jahre 1219 in Goslar oder auch durch einen Reichsbeschluß im ganzen Reiche abschaften, welches Letztere von Heinrich VII. im Jahre 1232 in Worms geschah.

Die Kaiser so wenig als die einzelnen Landesherren blieben jedoch ihren Grundsätzen getreu und so kamen die Zünfte aller-

wärts wieder empor und mit ihnen zugleich die bereits einge-
wurzelten oder neu auftauchenden Mißbräuche. Mehrere Jahr-
hunderte lang vermochten es weder Reichs- noch Landesgeseße sie
abzuschaffen.

Man muß sich nun hinzu denken, daß in den mittleren Jahr-
hunderten es ziemlich allgemeine Maßregel der Handelspolizei war,
daß gleichartige Waaren sämmtlich an einem Orte der Stadt ver-
kauft werden mußten, sowohl zur Bequemlichkeit der Käufer wie
zur Erleichterung des Schauwesens, dessen Anfänge in frühe Zeiten
fallen. Daher die häufig vorkommenden Lagerhäuser, Kaufhäuser,
Hallen, Tuchhäuser insbesondere, oder Lagerhäuser für die Ge-
wandtschneider. Ausschneidehäuser werden in vielen Städten erwähnt,
desgleichen Leinwandhäuser und Lederhäuser. Die Fisch- und
Kornmärkte sind von vielen Städten bekannt, eben so die Topf-
und Hopfenmärkte. Auch auf die meisten Handwerksartikel erstreckt
sich die Maßregel, auf solche Gewerbtreibende, die nicht allein auf
Bestellung, sondern dabei auf das Lager arbeiten und Fabrikate
feil haben. Gleichartige Handwerker sollten eigentlich auf einem
gemeinschaftlichen Plaße verkaufen. Von den Gerüsten, worauf
die Fabrikate aufgestellt waren, hießen diese Marktpläße: Bänke.
Brodbänke, Fleischbänke, Bierbänke, Schuhbänke, Lederbänke 2c.
Fremden Kaufleuten konnte der Ort gleichgültig sein, der ihnen
zum Absaß der Waaren angepriesen wurde; bei den in der Stadt
ansässigen Handwerkern aber mußte bald der Wunsch entstehen,
vor und in ihren Wohnungen verkaufen zu dürfen. Wenn ihnen
dies eingeräumt war, so mußten sie wenigstens in einer Straße
zusammen wohnen. Dies hat besonders in Ansehung der Schuhmacher (Schuh—Suter, woraus Schuster), Statt gehabt, zu denen
sich in vielen Städten die Gerber und Sattler hielten. Schuster-,
Gerber- und dergleichen Gassen kommen häufig vor. Herkömmlich
wurde nunmehr die Theilnahme an dem Verkaufe in den sogenannten Bänken, und die Ausübung des Handwerks in einem von
den Häusern der angewiesenen Straße, erbliche Rechte.

Trachten, die Zahl dieser Gerechtigkeiten zu vermehren, die
Concurrenz im Absaß gering zu halten, ward Veranlassung des
Zunftwesens. Auswärtige Arbeiter die an dem Verkauf in den

und ihre Stimmen in die Wagschale zu legen. Konnten sie die
Sache nicht allein durchsetzen, so verbanden sie sich mit den unzünftigen Bürgern, setzten den Magistrat ab und verjagten die
mißbeliebigen Mitglieder desselben aus der Stadt, wie das zu
Fritzlar, Hofgeismar rc. der Fall war, so daß Erzbischöfe von
Mainz klagten, sie benehmen sich als seien sie Tribunos plebis, so
etwa bei den Römern gewesen, aber von denen man im Reiche
niemals etwas gehört, so daß Ursache genug vorhanden sei, sie
gänzlich abzuschaffen. Ihre rein gewerbliche Stellung setzten sie
hintenan oder suchten sie nur nebenbei zu fördern und die Politik,
im damaligen Zeitgeiste, war Hauptsache geworden und man dis-
cutirte sie in den Zusammenkünften, als ob man ein rein politischer
Verein wäre, der streng gegliedert und disciplinirt sich unbedingt
den Aussprüchen seiner Oberen fügen mußte. Wer eine Rolle im
Staats- oder Gemeindeleben spielen wollte, konnte nur dazu gelangen, wenn er Mitglied einer solchen Zunft war. Daher finden
wir, daß selbst Personen des nicht gewerblichen Standes, solche,
die einem ganz anderen Beruf angehören, um die Ehre buhlen,
in eine solche Zunft aufgenommen zu werden. Daß sie dadurch
öfter als Mittel zum Zweck selbst mißbraucht wurden, läßt sich nicht
bestreiten und wir haben Beispiele, wo Männer, die durch die
Zünfte eine emporragende Stellung im Staate oder Gemeindeleben erlangt hatten, später gegen dieselben auftraten und ihre
ärgsten Feinde wurden. Es war das Eintreten in eine Zunft nicht
unbedingt an die Bedingung geknüpft, daß man ein bestimmtes
Handwerk erlernt haben müsse und es ausüben wolle, sondern man
hatte nur nachzuweisen, daß man aus ehelicher und ehrlicher Geburt
stamme, einen unbescholtenen Lebenswandel führe und das Bürger-
recht erlangt oder zugesichert erhalten habe. Diese Bedingungen
mußten vor der Aufnahme erfüllt werden. Die Tuchmacher zu
Schmalkalden weigerten sich 1557, den unehelichen Sohn des Domherrn Conrad Burchard in ihre Zunft aufzunehmen und die Messerschmiede und Schlosser daselbst baten den Grafen von Henneberg,
ihren Landesherrn, sogar schriftlich, daß er sie mit den Pfaffen-
kindern verschonen möchte.

Aus dem 12. Jahrhundert sind keine Nachrichten von in Hessen bestehenden Zünften bekannt. Die erste bedeutende Nachricht von Handwerkern, welche wohl mit Wahrscheinlichkeit auf eine schon bestehende Zunft-Verfassung schließen läßt, ist ein Weißthum über die Vogtey Wetter vom Jahr 1239. Hierin wird nämlich angeführt, was die Handwerker in Wetter an den Schultheiß zu entrichten hatten. Eben daher, daß hier für jede Gattung dieser Handwerker eine gewisse Abgabe für die Erlaubniß, das Handwerk zu treiben, bestimmt wird, schließt man, daß diese Handwerker schon gewissermaßen zünftig waren.

Eine andere Urkunde vom Jahre 1291 giebt uns schon einen Beweis eines bestehenden Zunftzwanges. Schöffen und Bürgerschaft zu Frankenberg geben nämlich darin dem Nonnenkloster in Georgenberg die Erlaubniß, Tücher von aller Art und Farbe, so wie ihre Mitbürger, die Wolle arbeiteten (concivis lanifices) sie verfertigten, ebenfalls zu verfertigen und zu Markte zu bringen.

Daß um diese Zeit zu Frankenberg schon Bierbrauer-Gesellschaften und Bäcker- und Metzgergilden existirten, scheint aus einem dieser Stadt im Jahre 1294 vom Landgrafen Heinrich I. ertheilten Privilegium zu erhellen. Darin wird nämlich gesagt: es solle, was in der Stadt an Brod, Bier und Fleisch an Rügen einkommen würde, halb an die Herrschaft und halb an die Stadt fallen. Nun konnten aber von diesen Dingen keine Rügen einkommen, wenn nicht eine Zunftverfassung existirte.

In einem Notariats-Instrument von 1482, worin die Privilegien und Gerechtsame der Stadt Witzenhausen, worüber die Documente verbrannt waren, aufgezählt werden, wird unter anderm gesagt: Witzenhausen hätte namhafte Privilegien von alter Herrschaft gehabt, daß der Rath mit dem Schultheiß verkaufen mögen, die Gild zu Witzenhausen und darüber Brief und Siegel geben, inmasen ihre Bürger und Gilden bereits hätten und besäßen, das was davon einkomme, gehöre halb der Stadt und wenn ein Bürger oder Bürgersohn zu einer Gilde komme, müsse er der Stadt eine halbe Mark Witzenhäuser Währung geben, der Herrschaft aber nichts. — Wer unter dieser alten Herrschaft zu verstehen sei oder von welchem hessischen Regenten dies Privilegium herrühre, weiß man nun zwar

nicht, es wird aber vermuthet, daß es von einem der frühesten her-
rühren müsse, da bei den andern Privilegien meist die Fürsten genannt sind, welche die Stadt damit begnadigt hatten.

Nach anderen Nachrichten soll um das Jahr 1300 zu Witzenhausen schon eine starke Wollentuchmacherzunft bestanden und ihre
eigenen Rahmen, Färbehaus nnd Walkmühle gehabt haben.

Von dem Landgrafen Heinrich I. haben wir noch eine im
Jahre 1337 ausgestellte Urkunde, worin er die schon früher (antea)
zwischen den Einwohnern der alten und neuen Stadt eingeführten
Einnungen und Brüderschaften dergestalt bestätigt, daß Niemandem
gestattet sein sollte, etwas auf diese Einnungen Bezug habendes zu
kaufen oder zu verkaufen, wenn er sich nicht in diese Brüderschaft
oder Einnung begeben habe (nisi prius fraternitate seu unione sibi
comparata) jedoch solle dieses den in den beiden Städten befindlichen Wollarbeitern (Lanificium exercentibus) nicht nachtheilig sein.

Zwar ist in dieser Urkunde nicht geradezu und ausdrücklich
von Zünften die Rede, allein die Einnungen oder Brüderschaften
waren doch wenigstens wahrscheinlich etwas Aehnliches und in Ansehung der Wollarbeiter erhellt deutlich daraus, daß man sie be-
günstigte und daß sie eine Corporation ausmachten. In einer
Brückengelds-Ordnung Landgraf Heinrich's II. von 1346 werden
auch fremde Kupferschmiede (capifabri alieni) erwähnt und es läßt
sich daraus abnehmen, daß es auch einländische oder in Cassel
wohnende Kupferschmiede gegeben haben müsse. Schon in diesem
14. Jahrhundert treffen wir Beispiele von Zunft-Mißbräuchen und
dagegen angewandten Mitteln und von Versuchen zur Aufhebung
von Zünften, an.

Zu Frankenberg entstanden nämlich um das Jahr 1366 allerhand Zwistigkeiten. Unter andern fingen die Zünfte an, alle Waare
und Arbeit zu übersetzen, wodurch dann der damalige Landgraf bewogen wurde, alle Zunftverbindungen, ausgenommen die der Wollenweber, zu untersagen, weil Letztere sich des Mißbrauchs nicht schuldig gemacht hatten.

In einer vom Landgrafen Herrmann für die drei Städte zu
Cassel errichteten Gerichts- und Polizeiordnung vom 21. Februar 1384
„werden alle Innungen auf drey Jahre aufgethan, weil viele Leute

„geſtorben ſeyen, damit ſich wieder andere dahin wenden mögten,
„es ſollte mithin jedem freyſtehen, in ſeinem Hauſe zu kaufen und
„zu verkaufen. Nach Verlauf der drey Jahre ſollte es vom Landes-
„herrn abhängen, ob er wieder Innungen errichten wollte, wo nicht,
„ſo ſollten deren auch keine und keine Handwerksmeiſter ſeyn.“

In Hofgeismar hatte ſich der Magiſtrat und die Bürgerſchaft
mit dem Erzbiſchof Adolph von Mainz entzweit gehabt, unterwarf
ſich ihm aber ſpäter wieder. In der darauf vom ihm ausgeſtellten
Verſöhnungs- oder Aſſekuranz-Urkunde heißt es unter andern: „Auch
„ſollen alle Gilden hie zu Geysmar vnd mit namen die Gilden der
„elenden Brüderſchaft abe ſin, vfsgenommen die Kaufmannsgilde.“
Was unter der elenden Brüderſchaft zu verſtehen, darüber hat man
ſich lange geſtritten. Es ſind aber wahrſcheinlich die, welche ſich
mit der Krankenpflege, dem Begräbniß der Verſtorbenen ꝛc. be-
faßten.

Unter Landgraf Heinrich II., des Eiſernen, faſt 50jähriger Regierung (1328—1377) hatten die heſſiſchen Städte vielfach Gelegenheit zu gemeinſchaftlicher Fortbildung, und um tapfer ihren
geſetzlichen Sinn gegen adelige Unbilde zu bewähren. Mit dem
allgemeinen Ringen des Bürgerthums nach Unabhängigkeit bethei-
ligte ſich von Nachbargemeinden beſonders Fulda (1331—1332)
aber zum Verluſte ſeiner Privilegien, da Kaiſer Ludwig den Abt
unterſtützte. Die Möglichkeit des heſſiſchen Gemeinweſens, ſich
vom Fürſten unabhängig zu machen, ſchnitt Karl IV. ab, indem
er im Jahre 1355, zu Gunſten des Landgrafen, die Berufung ſeiner Bürgerſtädte in Rechtshändel an auswärtige Oberhöfe ungültig
erklärte. Dennoch erregten auch Heſſens Städte durch das Recht
der Selbſthülfe, durch Fleiß und Wohlhabenheit die Eiferſucht der
Ritterſchaft. Die Verwaltung blieb zwar zwiſchen Rathsſchöffen
und den Schultheißen des Landgrafen getheilt, der wachſenden
Stadt Caſſel wurden Innungen und Brüderſchaften, welche die
Waffen wohl zu führen verſtanden, beſtätigt; dagegen in Frankenberg, als doppelter Zwieſpalt zwiſchen dem Amtmann, ritterlichen
Standes, und den Rathsſchöffen wegen des Wahlrechts, zwiſchen
dem Rath und den Zünften ausgebrochen war, das Wahlrecht der
Schöffen zwar beſtätigt, aber jeder Zunftverband, mit Ausnahme

der Wollenweber, aufgehoben. Am nördlichen Saume Hessens, in der Nähe des Freiheit athmenden Gemeinwesens Westphalen, fanden wir, gleichsam im bedeutsamen Jahre 1368, die ersten Schritte kleinerer Städte zu förmlichen Bündnissen.

Als im Jahre 1366 Otto der Schütz, Heinrich's einziger Sohn, verhängnißvoll gestorben und Herrmann der Gelehrte, des Eisernen Neffe, zur Regierung berufen wurde, begann Otto der Quade, Herzog von Braunschweig, Schwestersohn des alten Landgrafen, bedenkliche Ansprüche zu erheben, und fand den hessischen Adel, obgleich von Heinrich mit Vorliebe behandelt, bereit, sich ihm anzuschließen. Unter Vorschub des Welfen einigte sich der Bund der Sterner, diese furchtbare Verschwörung des Adels gegen den Landesherrn und die Städte, da war es, wo Hessens Städte, als Heinrich, verlassen von seinem Adel, ihnen mit Thränen seine Noth klagte, ihm verhießen mit Leib und Gut beizustehen. Von fremden Gemeinwesen schlossen sich Wetzlar und Hersfeld an und halfen treulich den gemeinsamen Feind besiegen. Ueberhaupt kann es unsere Aufgabe hier nicht sein, die Wirren zu schildern, in welchen das hessische Städtewesen in Folge des großen Städtekrieges gerathen war. Sie athmen nur den Geist der Auflehnung des dritten Standes gegen Adel und fürstliche Willkühr, entsprangen aber zunächst aus dynastischem Interesse.

Der Kampf der Fürsten, des Adels und der Städte wüthete durch fast alle deutschen Gauen bis 1450 und die Fürsten gingen schließlich als Obsieger hervor. Von da an verdunkelte sich der Werth bürgerlicher Freiheit in den Gemüthern, man gewöhnte sich, die Kosten der Vertheidigung derselben höher anzuschlagen, als deren Genuß, näherte sich bedenklich den Fürsten, um in allgemeinen Landfriedens-Bündnissen eine untergeordnete Rolle zu spielen. Mangel an freudiger Aufopferung der Einzelnen wie an gemeinschaftlichen Kriegsplänen, kleinliche Selbstsucht, endlich verminderte Wehrhaftigkeit und Waffengeübtheit der jungen Gesellen, welche das Bedürfniß fremder Söldner fühlbar machte, trug eingeständig die Schuld des Mißlingens. Von da ab hörte auch die politische Bedeutung der Zünfte auf und diejenigen, welche seither mit entschiedenem Trotze in die Regierung des Gemeinwesens eingegriffen, wurden nunmehr vom grünen Tisch aus regiert, wobei man es nicht an Demüthigungen fehlen ließ, welche man so weit ausdehnte, daß man ihnen das Wehr- und Jagdrecht, d. h. das Recht, Waffen tragen zu dürfen, nahm und es dagegen den unzünftigen Professionisten und Künstlern, als den Chirurgen, Kleinuhrmachern, Malern, Bildhauern, Apothekern, Buchdruckern u. dgl. ertheilte. Diese werden nunmehr schon in den Gesetzen als keine „gemeine Profession" Betreibende genannt, wozu später noch die Kaufleute gezählt wurden. Dagegen ward den Handwerksburschen es nachgelassen, wenn sie auf Reisen sind, einen Degen auf der Achsel zu tragen. Der Bürger durfte keine Waffen mehr tragen, außer wenn er auf Wache kam. Man hatte sogar die Vorstände der Städte entwaffnet, bis bei Gelegenheit eines am 28. Mai 1668 stattgehabten Tumults in Cassel der damalige Bürgermeister Samuel Bourdon von einigen Offizieren, dem General Rabenhaupt, Oberst Motz und Lieutenant Schäfer mit dem bloßen Degen angegriffen und das Rathhaus mit Soldaten besetzt ward, weil der Magistrat die Auslieferung einiger Reuter verweigert hatte. Die Bürgerschaft eilte dem Magistrat zu Hülfe und es würde zu den blutigsten Auftritten gekommen sein, hätte nicht die Regentin, die Landgräfin Hedwig Sophie, sich ins Mittel gelegt. Die Rathsherren erhielten aber seit diesem Vorfall die Freiheit, an Statt der Mäntel Degen zu tragen.

Die Beschränkungen begannen in Hessen mit der Verordnung vom 14. April 1455.

Der Landgraf Friedrich von Thüringen hob im Jahre 1414 zu Chemnitz alle Gilden auf und ordnete unter Aufsicht des Magistrats neue an, die auch ihre Innungs-Artikel mit Zuziehung der Stadt-Obrigkeit entwerfen mußten. Vielleicht ist aber auf eben diese Art zu verstehen, wenn eine hessische Chronik erzählt, der Landgraf Ludwig I. oder der Friedsame habe um das Jahr 1421 den Handwerksleuten zu Cassel ihre Zunftbriefe gegeben. Denn, daß dieselben jetzt zuerst Zunftbriefe erhalten haben sollten, kommt mir unwahrscheinlich vor. Aus diesem 15. Jahrhundert trift man nun schon mehrere Zunftbriefe und andere Nachrichten von bestandenen Zünften an. Es nahmen dieselben auch schon

Antheil an dem städtischen Regiment. So z. B. wurde in einer Urkunde des Grafen Johann v. Ziegenhain vom Jahre 1449 unter andern festgesetzt, daß die Vorsteher zu Treysa jährlich vor dem Rath, den Zunftmeistern aus jeder Zunft und dreien oder vieren aus der Gemeinde, die nicht zünftig wären, ihre Rechnungen ablegen sollten — eine Einrichtung, die gewissermaßen noch bis auf den heutigen Tag bestehet. —

Wie viel man um diese Zeit den Zünften nachsahe, kann man aus zweien Zunftbriefen dieses 15. Jahrhunderts sehen. Nämlich in einem Zunftbrief der Bäcker zu Zierenberg wird ihnen gestattet, demjenigen der ihnen Brod oder Wecke wegnähme, es nicht nur wieder abzunehmen, sondern ihm auch eine Ohrfeige (eine gute Haarfusche) zum Trankgeld zu geben, und in einem Zunftbrief der Schuhmacher wird diesen erlaubt, dem, der ihnen Eintrag im Handwerk thue, zwischen ihren Bänken so mit Fäusten und Schuhen (Leisten) zu schlagen, daß er „kaum genesen mag".

In der Reformations-Ordnung Wilhelms II. von 1500 findet sich nicht nur ein Verbot, daß gewisse Handwerke nicht auf den Dörfern geduldet werden sollen, sondern auch eine Taxe für verschiedene Handwerke.

Jede Zunft hatte ihre besonderen Statuten. Damit man sich aber einen Begriff davon machen kann, welche Bestimmungen darin enthalten sind, wollen wir aus dem Statut der Schuhmacherzunft, wie solches vom Landgraf Philipp dem Großmüthigen im Jahre 1567 bestätigt ward, das aber bestimmt seinem wesentlichen Inhalte nach weit älter ist, das Interessanteste daraus mittheilen.

„Wer diese Zunft gewinnen will, hat unter Anderem ein geistlich züchtig Liedt vor der gilde zu singen, sal, der da singet bey hellem lichten tage ein brennende Licht in seiner rechten Hande habenn, ein weis Handtuech vmb seinen Hals henkende. So der ein Vnhofflich, Hönische oder spottisch Lidt sünge, sal der gilde einen Emer biers zur buße geben. Auch sall ein iclicher gilde-broder xvj Schilling auf's raidt-Hauß geben. Was er dor abbitten kan, mag er gnissen. So er aber ein redlich, Ehrlich, geistlich Liedt sünge, vnd einer derselbtigen honlich oder sunst sein spottete, sal der gilde vier albus zur straff geben." — — „Es sal kein gildebroder, er sei drunken oder nochtern, weder auf die Erden oder off die Dische, vorsichtiger oder vnvorsichtiger weise Bier verschüten. So einer solches Dethe, vud dasselbige mit einem fuß oder handt nicht bedeken kunthe, soll solches mitt vier pfennigen verbeßhen." Die Jungmeister (die zuletzt in die Gilde Aufgenommenen) sind verpflichtet, die sämmtlichen Glieder der Gilde auf Befehl des „Meisters und Dechens" der Gilde vorzuladen, und heißen darum, weil sie diesen Dienst haben, und bei den Zusammenkünften selbst die Aufwartung besorgen müssen: (Gilde-) Knechte. Die Zeit, wie lange sie diesem Dienste unterworfen sind, wird so bestimmt: „Es sal auch iber Knecht, so der gilde dinet, so lange dinen, bis so lange ein nige (neuer) gildebroder ankompt, Es sei ober jar oder tag, ober kortz oder langk, bis so lange er durch den nigen Knecht abgedrungen werdt, (vnd) sal (dann) der alte dem nigen die Knechtschafft zu drinken, vnd also demselbigen die gilde oberantwortet worden, vnd alsedan der nige Knecht der gilte fortters dinen." Die jährliche Zusammenkunft der Schuster war auf Johannes des Täufers Tag ein- und für allemal festgesetzt. Den nächst folgenden Montag mußten „drei aufrichtige, vernunfftege menner zu vorstenbern gekorn — — werden" nämlich „ein Meister und zwei Dechen." Diese sollten Ein Jahr lang der Gilde vorstehen und gelobten dies eidlich bei den Pflichten, womit sie dem Landesfürsten und der Stadt verbunden waren. Andere allgemeine Zusammenkünfte („sampktonst") zu halten, „alse auff obberurten vorerzelten Dag" war ihnen untersagt. Dem Meister und den beiden Dechen ist ihre Pflicht mit den Worten eingeschärft: „daß sie in ihren Emtern sich nicht erheben, vnd nicht richten nach gifft (Geschenken) oder Gaben, nach frünschaff oder magschafft (Verwandtschaft), nach nide oder Haße, sundern lassen den gleichen scheffel geben, vnd richten nach rechte dem armen, alse dem reichen, (sollen) den großen nicht erheben, vnd den kleinen nicht wetter die bank stoßen." Lassen sie sich dies zu Schulden kommen, so haben sie als „Obrigkeit" doppelte Buße nach Erkenntniß der sämmtlichen Gilde zu erlegen. Diese Stelle der Statuten schließt mit den Reimen:

„Haſtu gewalt, richte recht!

Gott iſt Herr, du bis knecht.

Richte nicht nach eins mans Klage

Höre zuvor, was der ander ſage.“

Der Lehrjunge mußte drei Jahre in der Lehre ſtehen und „fünff Daler-Gulden dem Meiſter, und der Gilde ſier mark“ bezahlen. Der eheliche Sohn eines Schuhmachermeiſters aus der Gilde war, wenn er „irſt zu ſeinen jaren gekommen —, Nemlich achtzehn jar“ — von den fünf Thaler-Gulden frei und brauchten nur 5 Häute von Ochſen, Kühen, Rindern oder Pferden für die Gilde lohen zu laſſen. Dieſelbe Freiheit genießen die Töchter der Meiſter, wenn ſie ſich an Jemand verheirathen, der aufnahmsfähig in die Gilde iſt. Doch müſſen Söhne und Töchter der Meiſter ein Faß Biers von 2½ Ohmen „zur Infahrt“ geben, und nachweiſen, daß ſie nach etwaigem Abſterben der Eltern „den Warpfennig“ entrichtet haben. Die volle Abgabe für den in die Gilde Eintretenden, ihr noch nicht durch das Blut verwandt Gewordenen, betrug: 1) 5 Thaler-Gulden Hanſegeld; 2) 10 Rinder-, Kühe oder Pferde-Häute, welche für die Gilde gelohet werden mußten; 3) 12 Gilde-Eimer Bier; 4) 10 Pfd. Texkäſe; 5) für 6 Schillinge Wecke; 6) eine Kanne aus Zinn zu 4 Schilling; 7) 3 Schillinge zum Bau des Kirchenfenſters. — Die von dem Sohn oder der Tochter eines Meiſters unehelich Erzeugten wurden der Gilde unfähig erklärt. Wer wegen ſeines Glimpfs und ſeiner Ehre geſcholten wurde, und nicht binnen Monatsfriſt bei der rechten Behörde die Sache ausführte, dem wurde die „Lade zugeſchlagen.“ Unzüchtige Worte gegen eine Ehefrau oder Tochter eines Meiſters wurden mit ½ Thaler beſtraft, und in Anſehung des übermäßigen Eſſens und Trinkens heißt es: „Es ſoll ſich auch kein gildebroder vnzüchtig halten mit Vberigen freſſen vnd ſauffen. Da er ſolchs vbertrette, vnd ſich vberwürfe, vnd ſanct olrich anruffen würde, ſal derſelbige von der gilde geſtrafft werden ann (ohne) alle mittel vnd vrſache“ (ohne Weiteres).

Hinter den bevorzugten Alt-Bürgern in den Städten drängten die Zünfte, welche nach politiſcher Geltung ſtrebten und die Gewitterstürme des 13. Jahrhunderts kündigten sich vernehmbar im Schooße der aristocratischen Communen an. Zwar identificirten sich jene gewählten Körperschaften, welche das Stadtregiment führten, nicht mit dem Staate, wie das namentlich schon früh in den Reichsstädten der Fall war, sie stellten nicht die **Herrschaft**, die Gemeinen nicht die **Beherrschten**, die Unterthanen, dar; die Bürger waren noch nicht **ihre** Bürger, aber gleichwohl galten sie als Regenten, unterlagen keiner ängstlichen Rechenschaftspflicht, geberdeten sich freilich öfters junkerhaft und hielten die Zünfte, so wohlhabend und **waffengeübt** dieselben auch waren, unter strenger Aufsicht.

Ueberhaupt zeigt uns die Geschichte der deutschen Städte, daß die Zünfte auch nur da eine politische Bedeutung erhielten, wo sie waffenfähig waren, und unter sich zu einer Körperschaft, der **Schützenbrüderschaft**, verbunden waren und eine **Waffen-freudigkeit** besaßen, welche unter dem besonderen Schutze irgend eines Heiligen, um den Preis des Schusses wetteiferten. Ueberall in hessischen und oberdeutschen Städten mußte der junge Bürger-gesell mit erforderlicher Wehr und mit gutem Harnisch versehen sein, um bald nach Zünften geordnet, unter dem Zunftbanner zu erscheinen, bald im gemeinen Aufgebot dem Bannerträger der Stadt zu folgen. Wir bemerken hier nur, daß während der letzten Hälfte des 14. Jahrhunderts, als nach den großen Siegen auch in den Hansestädten ein übermüthiges Junkerthum aus den reichen Kaufherrn sich ausschied, die vornehmen Papageiengesell-schaften sich absonderten, kaufmännische Schützengilden, welche unter üppigen Festlichkeiten, Tänzen und nebenbei kirchlichen Obliegen-heiten den buntbemalten fremdartigen Vogel, welchen sie auf dem Weltmarkte zu Brügge kennen gelernt hatten, von hoher Stange herunterschossen und durch ausschließliche Genußsucht, Aergerniß im Volke erregten, bald das ganze Waffenwesen in eine Spielerei mit den Waffen ausartete, bis man ihnen auch das Spielzeug nahm, weil sie es nur als solches ansahen und die hohe Bedeutung der Waffenfähigkeit ihnen abhanden gekommen war. Daß die wachsende Macht der Fürsten, daß die veränderte Kriegführung nach der Er-findung des Schießpulvers das ihrige beigetragen haben, kann nicht in Abrede gestellt werden. Mehr noch als dieses war es aber der Streit unter den Zünften selbst, namentlich gegen die Kaufmanns- (Hansa-) Gilde, welcher man den Vorrang streitig machen wollte, daß sie nicht allein das städtische Regiment führen und die übrigen Zünfte als unter sich stehend ansehen sollte, die „welche heute in adeliger Gespreiztheit turnirten und morgen Wein zapften und Gewand schnitten." —

Unter den Gilden selbst hat die Kaufmannsgilde bis zur neuern Zeit, eine hervorragende Stellung eingenommen und ver, möge der ihr innewohnenden geistigen Ueberlegenheit, denn der Kaufmann mußte doch wenigstens Rechnen, Schreiben und Lesen können, auch meist die Sitze im Magistrate inne und bildete dadurch in der Geschichte des Städtewesens einen Theil des aristocratischen Elements, das eifersüchtig auf seine Vorrechte wachend, dem demokratischen jede Betheiligung an der Ge- meindeverwaltung und jede Einsicht in dieselbe streitig machte. Erst nach und nach hat dieses Boden fassen können und Schritt vor Schritt sich eine Gleichberechtigung oder doch wenigstens eine Controle über den städtischen Haushalt errungen. Daß diese Stellung bereits im Mittelalter zur Bedrückung ihrer Mitbürger benutzt wurde, darüber fehlt es nicht an Belegen.

Fand eine Auflehnung dagegen statt, wie das nicht ausbleiben konnte, so endete sie in der Regel Anfangs zum Nachtheil der Bedrückten, und nur den wiederholten Versuchen gelang es, eine der jedesmaligen Zeitperiode angemessene Stellung sich zu erringen, wie sie den Bedürfnissen des Zeitgeistes entsprachen, wogegen eine jede Ueberstürzung immer zum gemeinsamen Nachtheil, zu neuen Bedrückungen führte. Statt vieler ein Beispiel:

Die Gewalt und das Ansehen des Stadtraths in Hofgeismar war bis zu Ende des 14. Jahrhunderts nach unten hin so ziemlich unbeschränkt geblieben. Fast willkürlich legte er die Steuern auf, verfügte allein über deren Verwendung, duldete in beiden Rück- sichten keine Einmischung, ja nicht einmal die Controle bei der Rechnungsablage, und regierte die Bürger selbstständig durch Statuten, für deren Genehmigung er den Erzbischof leicht zu gewinnen wußte. Dieser Zustand der städtischen Verwaltung erregte indessen, begreiflicher Weise, bald den Unwillen und die Eifersucht der Bürger, dann aber einen innern Kampf, welcher für die Bedrückten eine böse Wendung nahm.

Die Bürger machten nämlich sämmtlich gemeinsame Sache gegen den Stadtrath, und suchten bei der Besteuerung und bei der Verwendung der Kämmerei-Einkünfte sich eine Mitwirkung im Stadtrathe, anfänglich durch Bitten, dann durch Drohungen, zuletzt mit Gewalt zu verschaffen. Der Stadtrath weigerte sich beharrlich, auf diese Bitten, Beschwerden und Drohungen einzugehen, obgleich nur die Kaufmannsgilde (zu welcher die Mehrzahl des Stadtraths nämlich gehörte) der Ansicht des Magistrats beistimmte. Die übrigen fünf alten Gilden: die Bäcker, die Schuhmacher, die Schmiede, die Metzger und die Leinweber traten als eben so viele, damals schon organisirte Ganze (Corporationen), offen gegen den Rath auf, und auch andere unzünftige Bürger, welche den Genossenschaften andern Namens angehörten, vereinigten sich mit ihnen zu gleichem Zwecke. Besonders wurden die „elenden Brüder" dem Rathe gefährlich. Von Worten kam es zu Thaten. Die Gilden griffen zu den Waffen, besetzten die Thore und gaben dadurch dem Stadtrathe eine gute Gelegenheit, sich über Aufruhr und Widersetzlichkeit bei dem Erzbischofe zu beklagen. Dieser, erschreckt durch eine Nachricht, welche ihm nicht ungelegener hätte kommen können (denn Erzbischof Adolph war gerade im Kampfe mit Hessen begriffen, und die Feinde standen fast vor den Mauern Hofgeismars), zugleich auch im höchsten Grade erbittert über den Undank (wie er es nennen mochte) derselben Bürger, denen er noch kurz zuvor die ausgezeichnetsten Beweise seiner Huld durch die Ertheilung mancher Privilegien gegeben hatte, — griff sofort zu den Mitteln der Strenge, um den so gefährlichen Aufstand zu dämpfen. Deshalb erschienen denn drei erzbischöfliche Abgeordnete: der Domherr Claus von Steyne, Johann von Sanecke und der Ritter Curt Spiegel, des Erzbischofs Amtmann zum Schonenberge, mit den ausgedehntesten Vollmachten, und entledigten sich (1385, Febr. 6) ihres Auftrages zum Schrecken der Bürger. Die Schlüssel zu den Thoren und Thürmen wurden diesen abgefordert; alle Gilden (die

2*

Kaufmannsgilde ausgenommen) und alle Brüderschaften wurden aufgelöset; die ihnen ertheilten Privilegien und Briefe wurden zerrissen und kassirt, — und endlich von den damaligen und allen künftigen Bürgern der Eid begehrt, sich fernerhin nie wieder zu solchen Bündnissen zusammen zu thun, jeden Versuch dieser Art aber alsbald bei dem erzbischöflichen Amtmanne und dem Rathe zu Hofgeismar zur Anzeige zu bringen, das Geschehene zu vergeben und zu vergessen, dem Erzbischofe in allen Stücken zu gehorchen, und dem Stadtrathe stets zu folgen.

Erzbischof Adolph starb, unversöhnt mit den Bürgern, bald nachher; doch der Stadtrath sollte sich nur vorübergehend seiner wiederhergestellten Machtvollkommenheiten erfreuen. Denn was bei dem der aristokratischen Partei zugethanen Erzbischof Adolph nicht zu erlangen gewesen war, glückte den Bürgern, die den Kampf, ohnerachtet des mißlungenen ersten Versuchs, nicht aufzugeben Willens waren, desto besser unter dem Erzbischofe Johann, dem Nachfolger Adolphs. Um einem zweiten innern Sturme, zumal in dieser ohnehin durch einen schweren Krieg betrübten Zeit, auszuweichen, sah sich der Stadtrath schon im Jahre 1402 genöthigt, dem wiederholten Andringen der Bürger in dem wichtigsten Streitpunkte nachzugeben und ihnen gutwillig das große Recht einzuräumen, alle Jahr nach der geschehenen Rathserwählung, sofort vier Männer „aus der Gemeinde" zu ernennen, welche bei dem Rathe sitzen, zu allen städtischen Besteuerungen ihre Zustimmung geben, die Einkünfte der Stadt allein erheben, die erhobenen Gelder bewahren, die nöthigen Ausgaben aus dieser Casse bestreiten, und auf einen geleisteten Eid hin dem Stadtrathe redliche Rechenschaft ablegen sollten. — So traten denn nun die vier Gemeindsherren (Kämmerer) in Thätigkeit und Leben. Bald fand sich auch der Erzbischof Johann (er bedurfte ja im Rachekriege der Braunschweiger treu ergebener Unterthanen) bewogen, die von seinem Vorfahr wegen der Empörung aufgelösten fünf Gilden der Stadt Hofgeismar wieder ins Leben zu rufen. Jedoch vorsichtig, wie er war, ließ er sich erst einen Revers von ihnen ausstellen, durch welchen sie Gehorsam dem Erzbischofe und dem Domcapitel, Anzeige von allen Uebertretungen, und ein gemessenes Verhalten innerhalb der vorgezeichneten Gränzen ihrer Privilegien gelobten, besonders aber auch das Recht des Erzbischofs anerkannten, zu jeder Zeit ihre Gilden, im Falle der Nichterfüllung jener Zusagen, wieder aufheben zu können.

———

Kassel, als der Mittelpunkt zwischen dem Reich und Sachsen, desgleichen zwischen Thüringen und Westphalen gelegen, scheint vor Zeiten einen nicht unbedeutenden Handel getrieben zu haben, daher denn auch die hiesige Kaufmannsgilde, welche den Namen Hansegreben führte, in gutem Ansehen stand. Der Aufschwung des Handels und die Gründung dieser Gilde muß man auf Rechnung niederländischer Kaufleute setzen, welche sich bereits in den ältesten Zeiten in Hessen und auch in Kassel niedergelassen hatten, und in den ältesten Gildebriefen „Flemminge“ genannt werden. Bereits in einer Urkunde Landgraf Heinrichs des Eisernen vom Jahre 1368, worin er der Stadt Sontra mehrere Freiheiten gewährt, werden sie gedacht*). In dem von Landgraf Philipp dem Großmüthigen den Gewandschneidern und Kaufleuten ertheilten Innungsbrief von 1528 heißt es auch: „Wir han auch unsern Wolewebern und Flemmingen zu Cassel die Gnade gethan, daß ihr iglich solch Duch und Gewandt die er selbst gemacht hatte, zu allen Zeiten in ihren Häuser schneiden moge.“

Ihre Gildemeister wählten sie jährlich am Nicolaustage, welche das Recht hatten, alljährlich auf dem Markte nach Pfingsten sechs Tage lang Wein verschenken zu lassen, innerhalb welcher Zeit den Wirthen der Weinverkauf untersagt war. Der Verkauf fand im Stadtbau statt.

Für die Aufnahme in diese Gilde mußten bezahlt werden 12 rheinische Gulden, halb dem Landesherrn, halb der Stadt und der Gilde, daneben dem Landesherrn $\frac{1}{2}$ Viertel Wein, jedem Gilde-

———

*) Ein jüngsthin erst aufgefundener Gildebrief der panicide (Tuchschneider) in Kassel qui vulgo dicuntur „couphlute“ ist vom Jahre 1323. Es kommen darin folgende auch für Sprachforscher interessante Stellen vor: item nulli debet dari ipsa Hansa, id est quod amat lineum pannum nisi etiam acquirat et aperiat incisionem (quod vulgo dicitur „der sned“) und ferner: ipsis pannicides et magistris pannicidarum qui dicuntur „hansegreven“.

meister ein Stübchen Wein und zwei Pfund Wachs an den Kirchenkasten für die Armen.

———————

Unter Landgraf Philipp wurden viele Polizei-Ordnungen erlassen, worin denn auch der Handwerker beiläufig Erwähnung geschieht, indessen findet sich in diesen und in den Verordnungen seiner nächsten Nachfolger Nichts, das hier einer Auszeichnung bedürfte. Landgraf Moriß gab ein Beispiel, wie man den Zünften durch den Sinn fahren müsse. Als nämlich die Krämer und Handwerker zu Caffel sich den erlassenen Münz-Edicten, nach denen die Preise der Waaren reducirt werden sollten, nicht fügen wollten, that er mit einem Mal alle Zünfte und Gilden daselbst dergestalt auf, daß es Jedem in und außer der Stadt freistehen sollte, Handwerke daselbst zu treiben. Die Veranlassung ist zwar in dem Ausschreiben selbst nicht ausgedrückt, man weiß aber doch, daß es die angegebene war. Um sich aber einen richtigen Begriff von dem Geldwerthe der damaligen Zeit zu machen, wird es wohl hinlänglich sein, wenn man das nachfolgende Verzeichniß der harten Sorten, wie sie anno 1606 bis in 1622 einschließlich gegolten, übersieht.

Ein Reichsthaler in specie galt:

Jahr	Thlr.	Albus
1606	— Thlr.	32 Albus.
1607	— ⸗	33 ⸗
1608	— ⸗	34 ⸗
1609	— ⸗	34 ⸗
1610	— ⸗	36 ⸗
1611	— ⸗	40 ⸗
1612	— ⸗	40 ⸗
1613 } 1614 } 1615 }	1 ⸗	12 ⸗
1616 } 1617 } 1618 }	1 ⸗	16 ⸗

1619 im	Anfang .	1½	Thlr.	—	Albus.
	Sommer .	1½	=	—	=
	Ende . .	1	=	20	=
1620 im	Anfang .	2	=	—	=
	Sommer .	2¼	=	—	=
	Ende . .	2½	=	—	=
1621 im	Anfang .	3	=	—	=
	Juni . .	4	=	—	=
	Septbr. .	5	=	—	=
	Oktober .	6	=	—	=
	Novbr. .	7	=	—	=
	Dezbr. .	8	=	—	=
1622 im	Januar .	9	=	10	=
	Februar .	11	=	12	=
	März . .	13	=	14 Thlr.	15 Thlr.
	April . .	16	=	18 =	20 =

Von den übrigen Gesetzen in Zunftsachen wird unten die Rede sein.

Was nun die hessischen Gesetze betrifft, so wird es hinlänglich sein, wenn ich hier die allgemeinen Zunft- und Handwerksgesetze aufzähle und die, welche nur ein und das andere in Zunftsachen, oder nur für einen und den anderen Ort festsetzen, unten an ihren Orten anführe. Zu der letzteren Classe gehören die beiden Verfügungen von Heinrich II. vom Jahre 1337 und Hermann dem Gelehrten von 1384, die ich auch schon oben berührt habe.

Man kann die hessischen Gesetze in zwei Classen theilen, nämlich in allgemeine Polizeiverordnungen, worin der Handwerker beiläufig erwähnt wird, und in eigentliche allgemeine Zunftordnungen.

Die erstere Classe ist sehr zahlreich. Ein Theil derselben betreffen einzelne Orte, ein Theil einzelne Handwerke, ein Theil nur einen Punkt des Handwerksrechts, z. B. den Preis, wohin die Taxordnungen zu zählen sind. Alle diese gehören jedoch nicht hierher, sondern sollen unten aufgezählt werden.

Abgerechnet, daß Landgraf Ludwig III. zu Marburg das oben erwähnte Kaiserliche Mandat vom Jahre 1571 in demselben Jahre durch ein Edict in seinen Landen einführte und seinen Beamten einschärfte, für deffen Beobachtung Sorge zu tragen, finden wir in Hessen keine allgemeine Zunftgesetze vor dem Ende des 17. Jahrhunderts.

Der unsterbliche Landgraf Carl fügte seinen übrigen großen Verdiensten auch noch das bei, zuerst eine Zunftordnung für seine Staaten ausgehen zu lassen. Es ist dieselbe vom 29. Juli 1693, und wurde zuerst von Salomon Kürffner zu Cassel auf 15 Foliofeiten gedruckt, befindet sich aber nunmehr auch in der Sammlung der hessischen Verordnungen. Die Veranlassung des Gesetzes wird dahin angegeben: Sowohl die Vorfahren des Gesetzgebers als er felbst hätten zu Beförderung des gemeinen Besten die Unterthanen mit Zünften begnadigt, die Erfahrung lehre aber, daß fast in ganz Deutschland von geraumer Zeit viele unvernünftige Gewohnheiten und Mißbräuche dabei eingeschlichen und im Schwunge feien, so daß auch auf dem Reichstage die Rede davon gewesen fei, zweckdienliche Maßregeln dagegen zu ergreifen. Weil aber nun bei den dermaligen trüben Zeiten sobald noch keine ernsthafte Schritte von Seiten des Reichstages zu erwarten feien, so halte man es für unumgänglich nothwendig, mittlerweile dem Unwesen in hiesigen Landen gehörig zu begegnen und wenigstens die vornehmsten Mißbräuche aufzuheben und abzuschaffen, und folle sich daher, bis auf anderweitige Verordnung, bei den Zünften, Gilden, Innungen und Aemtern nach den folgenden Punkten gerichtet werden. Dieser Punkte oder Paragraphe sind vierzehn. Die ersten vier handeln von der Gewinnung des Meisterrechts, der fünfte von den Lehrund Wanderjahren überhaupt; die drei folgenden von den Lehrlingen; der neunte von den Gesellen, insonderheit von denen unter ihnen üblichen Feiertagen; der zehnte und elfte von der inneren enllegialischen Verfassung der Zünfte; der zwölfte und dreizehnte von der Betreibung des Handwerks und der vierzehnte von allerhand Mißbräuchen. Der Schluß der Verordnung enthält noch den Vorbehalt der Abänderung und Aufhebung der Zunftartifel, den Befehl an den Lehnhof, folche künftig nach den vorstehenden

Puncten einzurichten und die gewöhnlichen Befehle an sämmtliche Landes- und Ortsbehörden wegen Beobachtung dieser Verordnung und daß davon jeder Zunft ein Exemplar zugestellt werden solle.

Wir finden unter Landgraf Karls Regierung noch eine ziemliche Anzahl Gesetze in einzelnen Zunft-Angelegenheiten, die aber hier nicht angeführt zu werden brauchen.

Das zu hoffende Reichsgesetz, dessen Landgraf Carl erwähnte, kam bekanntlich noch lange nicht zu Stande. Sein Sohn und Nachfolger, Friedrich I., König von Schweden und Landgraf von Hessen, hielt es für nöthig, gleich nach Antritt seiner Regierung ein abermaliges und erweitertes Gesetz über das Zunft- und Handwerkswesen ergehen zu laffen. Es erfolgte also unter dem 21. November 1730 ein erneuertes Zunftreglement. Der Eingang wiederholt faft wörtlich den Eingang der vorhin angeführten Zunftordnung, nur daß hier gar keines zu erwartenden Reichsgesetzes gedacht wird. Der Zweck dieses erneuerten Reglements wird dahin angegeben, „die Zunftordnung von 1693 nach jetziger Zeit Gelegenheit mit einigem Zusatz zu renoviren und zu schärfen.“ Wirklich ist jene darin nicht blos zum Grund gelegt, soudern faft wörtlich wiederholt, aber zugleich mit vielen neuen Stellen vermehrt worden. Dieses neue Reglement enthält 27 Paragraphen. Die erften vier handeln wieder von der Erlangung des Meisterrechts, der 5. von Ausübung des Zunftzwangs, der 6. vom Wandern, der 7. incl. 11. von den Lehrjungen, der 12., 13., 14., 16. und 17. von den Gesellen, der 15. von dem Schelten der Handwerker, der 18. incl. 22. von der inneren collegialischen Verfaffung der Zünfte, der 24. von den Gesellen-Mißbräuchen, der 23. und 25. von Treibung des Handwerks, der 26. von allerhand Zunft-Mißbräuchen und der 27. von den Dorf-Handwerkern. Der Schluß ist im Ganzen derselbe, wie bei der Zunftordnung von 1693.

Im folgenden Jahre erschien dann endlich der oben erwähnte Reichsbeschluß und wurde vermittelst eines Landesherrlichen Edicts unter dem 9. April 1732 in's Land erlassen. In diesem Edict behält sich der Landesherr ausdrücklich vor: „zu desto mehrerer „Erreichung des heilsamen Zwecks, gegen die ferner sich äußernden „Mißbräuche und Excesse, nach Convenienz solche weitere Verfügung

„und Veränderung zu thun, wie es das Wohlsein des Landes und
„der Unterthanen erfordert." Uebrigens wird auf das Reglement
von 1730, „worin noch mehrere nützliche Specialpunkte enthalten,"
verwiesen und verordnet, jeder Zunft ein Exemplar des Gesetzes
zuzustellen. Nach dem Reichsschlusse selbst (§. 14.) sollte dasselbe
nicht nur in den Herbergen angeschlagen, sondern die Lehrlinge
sollten bei der Lossprechung zu dessen Beobachtung in's Gelübde
genommen werden. Da aber das Landesherrliche Edict hiervon
nichts besagte, so pflegt es auch nicht zu geschehen. Außer vielen
gesetzlichen Verfügungen und Entscheidungen über einzelne Zunft-
Angelegenheiten, die ich hier übergehe, erfolgte kein allgemeines
Zunftgesetz, bis im Jahre 1772 das Kaiserliche Commissions-Decret
wegen Abschaffung verschiedener noch immer im Schwange gehender
Mißbräuche erschien. Dieses wurde wieder durch eine Landesord-
nung unter dem 2. Juli desselben Jahres in's Land erlassen und
darin nach Anleitung der einzelnen Artikel des Decrets Verschie-
denes noch näher bestimmt und mehr eingeschärft. Auch von diesem
Gesetz sollte jeder Zunft ein Exemplar zugestellt werden.

Diese Verordnung ist das letzte allgemeine Zunftgesetz jener Zeit,
das wir in Hessen haben. Zwar sind wenige Punkte des Handwerksrechts, welche nicht bis hierhin durch besondere Verordnungen, Entscheidungen und Resolutionen weiter erörtert worden wären, aber
meinem Plane getreu führe ich solche nicht hier, sondern da an,
wohin sie ihrem Gegenstande nach gehören.

Im Jahre 1767 waren zu Cassel in Summa 32 Zünfte:
2 Bader, 3 Bäcker, 4 Böttcher, 5 Buchbinder, 6 Drechsler, 7 Fär-
ber in Cassel und dem Nieder-Fürstenthum, 8 Goldschmiede, 9 Huf-
schmiede, zu welcher Zunft auch die Büchsenschmiede, Flaschenschmiede,
Kannengießer, Kupferschläger, Messerschmiede, Nagelschmiede, Sporer,
Schlosser und Uhrmacher gehörten, 10 Hutmacher, 11 Kesselmenger
hier und im Lande, 12 Knopfmacher hier und im Lande, 13 Kupferschmiede hier und im Lande, 13 Leinweber, 14 Maurer und Dachdecker, 16 Metzger, 17 Perrückenmacher, 18 Posamentirer und
Schnurmacher, 19 Raschmacher, 20 Schneider, 21 Schreiner,
22 Seiler hier und im Lande, 23 Schuster und Lohgerber,
24 Siebmacher hier und im Lande, 25 Sockenstricker hier und in

Niederhessen, 26 Steinmetzen, 27 Tuchbereiter, 29 Weißgerber, zu welcher Zunft auch die Beutler, Gürtler, Kürschner, Pergament-macher, Riemer, Sattler, Seckler und Täschner gerechnet werden, 30 Weißbinder, 31 Wollenweber und 32 Zimmermeister.

——————

Die Zünfte fühlten sich aber durch alldergleichen Anordnungen verletzt und gekränkt. Ihnen war es bereits schon nicht recht ge-wesen, daß man einen Zweifel in ihre hergebrachten Gerechtsame gesetzt und diese angesehen hatte, als seien sie nur zu Lehen gege-ben, die bei dem jedesmaligen Wechsel der Landesherrn erneuert werden müßten und vollständig abhängig von der zur Omnipotenz der Landeshoheit gehörenden gemacht würden.

Sie hatten sich seither als unbeschränkte Monopolisten gerirt, die die Masse nur als ihre Beute ansahen. Diese lehnte sich, als sie anfing einzusehen, daß sie nicht blos zur Abhängigkeit bestimmt sei, dagegen auf, und es begann dadurch ein Kampf nicht blos der unzünftigen gegen die zünftigen, sondern auch der zünftigen bereits untereinander. War einer Zunft ein seither genossenes Vor-recht entgegen, so freute sich die darüber, welche es nicht betroffen. Hatte man bereits die Selbstständigkeit der Gemeinden unterdrückt, wie konnten die sich halten, die selbst häufig, wie wir das gesehen, die Gemeinde-Verfassungen angegriffen und zu Selbstzwecken aus-gebeutet hatten? Es entstand hieraus der Krieg der Stände, eine Wanderung aus einem Stande in den andern. Der Titel „Bürger und Meister" genügte nicht mehr als zur Einnahme des höchsten Ehrenplatzes in der bürgerlichen Gesellschaft, denn in dem geistigen Leben des Volkes konnte er seine Stellung nicht mehr behaupten, weil er in Bildung und Gesittung zurückgeblieben war. Es hatte sich der Beamtenstand nach und nach erhoben, getragen und gehoben durch ein Element, was der Bürger und Meister Anfangs verspottet, nachher bekämpft, aber nicht besiegen konnte. Man hatte ihm das Rechtsbewußtsein entzogen, indem man das römische Recht einge-schmuggelt hatte, wodurch er dahin gebracht war, daß ihm der Rechtsboden unter den Füßen schwand und er genöthigt ward, er, der früher selbst zu Gericht gesessen hatte, jetzt nicht mehr wußte, was Rechtens war. Hierdurch war ihm bald eine andere Zunft über den Kopf gewachsen, die alle anderen beherrschte und vor deren Eigenwillen es keine Gnade gab. Sie zerfiel zwar auch in mehrere Unterabtheilungen, die eine die andere scheel ansah, aber im Ganzen in dem Herabblicken auf diejenigen, welche nicht bis auf sie heraufsehen durften, war sie bald einig. Dazu kam, daß sie sich einen fremdländischen Namen beilegte, der dem gemeinen Mann imponirte und mit einer gewissen Scheu erfüllte. Ehe man es sich versehen hatte, war der Stand der Honoratiores, zu Deutsch Geehrte, Vornehmere, Leute aus den höheren Ständen, als geschlossene compacte Masse dem Bürger- und Bauernstande gegenüber vorhanden. Der Ritter, der Schwert, Schild, Helm und Panzer mit dem goldverzierten Rock, dem Escarpin und dem Galladegen vertauscht hatte, suchte darin die erste Stelle einzunehmen und zog den gelehrten Juristenstand zu sich heran, mit seinem unendlichen Schreiberheer. Sie schlossen sich noch weiter ab als es die Zünfte gethan und erlangten für sich sogar einen eigenen Gerichtsstand, die Unterscheidung von schriftsässig und nicht schriftsässig classificirte die ersteren als Honoratioren.

Man schloß sich ab und so wie die Zünfte sich gesträubt hatten, die Söhne gewisser Klassen des Volkes unter sich aufzunehmen, so jetzt der Stand der Honoratioren gegen Bürger und Bauer. Das Streben nach einer ehrenvollen Stellung in der bürgerlichen Gesellschaft ist aber ein Recht, welches man als Mensch nicht als Bürger, Bauer, Schuster oder Schneider verlangt und so kam es, daß aus den sogenannten niederen Ständen, zumalen als die Schulen erst das Ihrige anfingen zu leisten, und durch die Fackel der Aufklärung Licht in die Massen gekommen war, auch man sich bemühte, eine dem Bildungsgrade angemessene Stellung einzunehmen. Diesem Streben ward durch die Verordnung vom 2. Juli 1774 entgegengetreten. Hierin heißt es: „Nachdem Wir „mißfällig wahrgenommen, daß viele gemeine Unterthanen, welche „sich von ihrem bürgerlichen oder bäuerlichen Gewerbe ganz wohl „nähren, wenn sie ihr Vermögen bis zu einer gewissen, oft nicht „einmal hinreichenden Größe hinauf gebracht haben, alsdann aus

„bloßem Uebermuth und um nur ihre Familie über ihren Stand
„zu erheben, ihre Söhne zu einem höheren Beruf, wozu sie sich
„gleichwohl oft am allerwenigsten schicken, bestimmen und aufziehen
„lassen, hierdurch aber nicht nur dieselben, anstatt ihnen eine Wohl-
„that zu erzeigen, vielmehr nicht selten auf ihr ganzes Leben un-
„glücklich machen, sondern auch dem Ackerbau, den Professionen,
„Künsten und Fabriquen viele Hände entziehen und solchergestalt
„dem Staate auf eine doppelte Weise großen Schaden zufügen.
„So finden Wir Uns bewandten Umständen nach bewogen, hier-
„durch gnädigst zu verordnen, daß Niemand von Bürgern oder
„Bauern, noch auch ein herrschaftlicher Livrée-Bedienter seine Kin-
„der von den gemeinen Handthirungen ab und zum Studiren oder
„zu dem Stande der sogenannten Honoratiorum erziehen soll, er
„habe denn vorher hinlängliche Atteste von deren Fähigkeiten,
„Talenten und daß sie sich zu dem erwählten höheren Stande
„schicken, beygebracht und Unsere gnädigste Einwilligung dazu er-
„halten; gestalten diejenigen, welche ohne diese Erlaubniß sich von
„nun an dem Studiren widmen, schlechterdings zu keinem Bene-
„ficio oder Stipendio sich Hoffnung zu machen, auch daß sie nicht
„employrt oder befördert werden, und nach Befinden noch schärferen
„Einsehens zu gewärtigen haben."

So wie auf diese Weise die Bewohner der Städte empor
strebten, so auch die Dörfer. Sie wollten ihre eigenen Handwerke
auf dem platten Lande haben und nicht von den Städten abhängig
sein. Hiergegen sträubten sich die Zünfte und betrachteten die
Ausübung der Gewerbe als ihr ausschließliches Recht, obgleich sie
sich nicht scheuten, nebenbei den Feldbau zu betreiben. Das Streben der Regierung war aber darauf gerichtet, diese Stände zu
trennen und wie Landgraf Friedrich in einem Fürstlichen Rescript
vom 7. Oktober 1774 sich ausdrückt: „allerdings künftig dahin
„gearbeitet werden solle, daß Kaufleute, Fabrikanten und Pro-
„fessionisten nur in den Städten aufgenommen werden, die Dörfer
„hingegen nur aus Ackerleuten und vom Ackerbau unzertrennlichen

„Handwerkern bestehen sollen, damit durch die wechselweisen Be-
„dürfnisse der Städte und Dörfer keines dem anderu entbehrlich
„sein, sondern das Commercium belebt und Beider Nahrungsstand
„befördert werden möge." „Gleichwie aber die Städte sowohl in
der Grafschaft Schaumburg als in Hessen dermalen noch mit so
vielem Ackerbau versehen sind, daß die mehrsten ihre nöthigen
Lebensmittel selbst ziehen, mithin deren Dörfer noch zur Zeit zu
ihrer Subsistenz nicht nöthig haben, so ist auch, so lange die
Städte mit Verlassung des Ackerbaues sich den Professionen,
Fabriken und Kaufmannschaft nicht ganz widmen, die Sache mit
großer Behutsamkeit anzugreifen und darauf zu sehen, daß das
platte Land nicht der allein leidende Theil bleiben, noch die einmal in den Dörfern etablirten Professionisten durch eine allzu-
schnelle Veränderung zu Grunde gerichtet oder zum emigriren gezwungen werden;" worauf denn die Bestimmung über die einzelnen
Handwerke, welche unbedingt in den Dörfern zugelassen oder nicht
zugelassen werden sollen, folgen.

Durch Regierungs-Ausschreiben vom 29. August 1777 wurde
festgesetzt, daß den Gesellen, welche nicht an fremde Orte, sondern
nur im Lande wandern wollen, die Meisterschaft dennoch gestattet
werden soll.

Gleichzeitig war man aber auch bestrebt, den Zünften ihr
moralisches Ansehen zu untergraben und ihnen das Ehrengericht
über ihre Mitglieder zu entziehen. Die Leineweberzunft zu Hel-
marshausen hatte einen ihrer Mitmeister, weil er eine Locke oder
einen Arm voll Korn vom Felde hatte entwenden wollen, und
deshalb zu dreitägiger Gefängnißstrafe verurtheilt worden war, aus
der Zunft gestoßen. Dieser klagte deshalb gegen die Zunft beim
Amte, welches den Bescheid ertheilte, daß, da der Kläger wegen
seines begangenen geringen Frevels die Strafe ausgestanden, mithin
ihm dieserhalb kein weiterer Vorwurf gemacht werden könne, der
Leineweberzunft und einem jeden einzelnen Mitgliede derselben insbesondere bei 1 Rsl. Strafe befohlen wurde, den Kläger als einen
ehrlichen und unbescholtenen Mitmeister zu betrachten und zu allen
Zusammenkünften der Zunft, gleich anderen, ohne allen Vorwurf
zuzulassen." Als aber die Zunft demohngeachtet fortfuhr den

Kläger auszuschließen, so wurde dieselbe in die angedrohte Strafe condemnirt und da sie hiergegen bei der Fürstl. Regierung zu Cassel Beschwerde erhob, so ward das Verfahren des Amtes bestätigt und nur die erkannte Strafe auf die Hälfte heruntergesetzt.

Die Zünfte betrachteten alle dergleichen Anordnungen als einen Eingriff in ihre Gerechtsame und kamen ihnen nicht nach, aber in dem aufwachsenden Geschlechte waren sie aufgenommen. Sie weigerten vor wie nach die Aufnahme von Meistern, welche nicht herkömmlich gewandert hatten und hielten sich an ihre Zunftbriefe. Die Regierung ward mit Suppliken und Dispensationsgesuchen bestürmt, wodurch sie sich veranlaßt sah, durch ein Ausschreiben vom 10. November 1783 denselben ein Ende zu machen, wodurch angeordnet ward, daß den erlassenen oben angeführten Verordnungen unweigerlich nachgelebt und den um die Meisterschaft sich bewerbenden Professionisten der ordnungswidrigen Wanderjahre wegen weiter nicht die geringste Schwierigkeit gemacht werden solle.

Daß die Regierung durch diese Maßregel mehr die Erhaltung der jungen Burschen im Lande bezweckte um Einstandsleute für das Militär genug zu haben und zu verhindern, daß sie sich nicht durch die Wanderschaft im Auslande diesem entziehen, läßt sich freilich nicht leugnen.

Als unter dem 4. April 1784 die Begünstigung erfolgte, daß die Lehrbursche vor Ablauf ihrer Lehrjahre nicht zum Militär herangezogen werden sollten, so hatte man bald dieses der Art ausgebeutet, daß in Folge der Zunftbriefe man nur den Lehrjungen nicht für tüchtig zu erklären brauchte und die Lossprechung verweigerte, um ihn dem Militair zu entziehen, weshalb denn auch unter dem 21. Dezember 1787 diese Bestimmung aufgehoben und bestimmt ward, daß die zum Soldaten sich qualificirenden Lehrburschen, wenn sie Zweidrittel ihrer Lehrzeit bestanden, unbedingt losgesprochen werden sollten.

Daß die Handwerker in den Städten sich nicht allein vom Handwerk ernährten, sondern auch noch Acker- und Gartenbau daneben selbstständig betrieben, haben wir bereits gesehen. Aber durch die Ausdehnung der Städte selbst war doch nach und nach ihnen viel Land entzogen, auch manches Gewerbe herunter gekommen, weil seine Erzeugnisse nicht mehr verlangt wurden, denn die Mode hatte in den deutschen Gauen ihre Herrschaft begonnen. Solche Leute fingen nun schon an neben ihrem Gewerbe Handel zu treiben, der sich bis auf Specereiwaaren erstreckte, wogegen ein Verbot unterm 18. Juni 1784 erlassen ward.

———

Hatte man auch den Druck der Zünfte auf den consumirenden Theil des niederen Standes gern gesehen, so hatte man doch schon frühzeitig angefangen, die höheren Stände zu emancipiren und für dieselben die volle Gewerbefreiheit in Anspruch zu nehmen. Auch gegen das Wissen und den Willen der Zunft, Meister zu ernennen, hatte man sich als Prärogativ des höheren Standes zugelegt. So hatte jeder Reichsstand das Recht, einen oder den andern guten Arbeiter von allen Formalitäten der Aufnahme in die Zunft zu dispensiren und auch denselben wider der Zunft Willen zur Meister-schaft kommen zu lassen, welche den Titel „Gnaden- oder Frei-meister" führten. Streng genommen verstand man unter „Gnade-meister" einen Arbeiter, welchem von der Landesherrschaft erlaubt war, ohne Aufnahme in die Zunft sein Handwerk zu betreiben, während ein „Freimeister" ein solcher hieß, welcher bei einem Domherrn, Gesandten oder an einem sonst bekannten Orte sitzen, oder mit landesobrigkeitlicher Bewilligung sein Handwerk außer der Zunft betreiben durfte. Manche Universität maßte sich ebenwohl dieses Recht an, z. B. Halle, Göttingen ꝛc.

Eine dritte Classe gab es noch die sich Monopolisten nannte, d. h. solche, welche einen Gnadenbrief dergestalt hatte, daß sie ausschließlich das Handwerk an dem Orte betreiben durften. Dazu kamen nun noch in der zweiten Hälfte des vorigen Jahrhunderts die „Störer", d. h. solche, welche zwar an einem Orte zünftig sind, aber an einem anderen Orte ihr Handwerk treiben, wo sie nicht Meister sind oder auch werden solche so genannt, welche in ein anderes Handwerk eingreifen, z. B. haben die Schneider lange Processe gegen die Säckler oder Beutler geführt, weil sie lederne

Hosen machten. An manchen Orten nannte man sie auch „Fretter“ oder Verräther. Die Zeit der Zunftstreitigkeiten kam in Blüthe und ward wo möglich noch gefördert. Ob der Leinweber das blaue Garn, welches er zur Anfertigung des Zwilch braucht, selbst färben könne? war eine Frage, welche die Herrn Juristen lange beschäftigte. Der Ober-Zunftmeister sprach es endlich dem Leinweber ab und dem Schönfärber zu. In der Appellations-Instanz ward dieses Urtheil bestätigt, jedoch mit dem Zusatze, daß dem Hofe das Recht zustehe, eine derartige Erlaubniß zu ertheilen, so lange diese nicht erfolgt, müsse das Urtheil aufrecht erhalten werden. Diese Erlaubniß erhielt alsdann der Leinweber ohne Anstand.

Eine weitere Sorte Handwerker bildeten die Pfuscher, welche man so nannte, die Arbeiten verfertigen, jedoch nicht in der Zunft sind, weil sie das Handwerk nicht richtig gelernt haben, also solche die mißrathen sind, d. h. die das Geschlecht, doch nicht den Grad, die Vollkommenheit und Tüchtigkeit hätten. Das Wort kommt von „Pfusch“ verstecken her, weil er sich vor dem Zünftigen versteckt, gleich dem Bönhasen der immer gejagt wird von einer Ecke zur andern, von einem Boden, Kammer, Bön zur andern gejagt werden, um ihre Arbeit zu fertigen.

Gleiche Bewandniß hat es mit den Hosenknifen, Altreißer, Wetschelbäcker, Lästerer, Buhler, Zunäther, Haken- und Oesenmacher 2c.

So weit war die alt-ehrwürdige Zunft schon herunter, daß sie ihre politische und moralische Stellung verloren, sich unter einander verfeindeten und wegen Zunftbeeinträchtigungen und allen erdenklichen Plackereien sich stets vor den Behörden herumzankten und darüber vergaßen, daß ihnen eine Stütze nach der anderen unter den Füßen weggezogen ward.

Unterm 24. Juli 1783 wurden die Prinzen vom Hause und der Adel vom Zunftzwange durch folgendes Regierungs-Rescript entbunden: „Wir haben empfangen, was an Uns Ihr wegen des in dem F. Rotenburgischen Hause allhier angestellten Rotenburger Mauermeisters, auch der deshalbigen Beschwerde der hiesigen Maurerzunft unterm 24. m. p. berichtet und angefragt habt. Nachdem nun auf das von Uns unterthänigst erstattete Gutachten gnädigst resolvirt worden, daß dem Suchen besagter Zunft um so weniger zu fügen stehe, als deren Zunftzwang sich so weit nicht erstrecken kann, daß nicht ein Prinz vom Hause, ja selbst einer vom Adel, in seiner Behausung durch gewisse ihm bekannte Meister oder gar durch seine Gerichts-Unterthanen oder durch seine Domestiken die Arbeit, wozu er sie tüchtig findet, verrichten lassen könnte, wenigstens hiervon im Zunftbriefe nichts enthalten, und dieser vielmehr stricte zu interpretiren ist: so bleibt Euch solches zur Nachricht, und um die Zunft darnach zu bedeuten, hierdurch ohnverhalten.«

Hiermit war practicabele Bresche in den Zunftzwang geschossen. Hatte man die Prinzen des Hauses und den Adel als nicht dem Zunftzwang unterworfen erklärt, so war es leicht, einen Schritt weiter zu gehen, und bereits am 30. August 1792 rescribirte die Regierung zu Kassel, daß der Zunftzwang sich überhaupt nicht auf „herrschaftliche“ Arbeit erstrecke. Damit begnügte man sich aber durchaus nicht. Neben diesen Schmälerungen der Zunftgerecht-same sollte noch der Stolz der Zünfte gebrochen werden. Seither mußten die in den Städten verstorbenen Hirten, Nachtwächter, Flurschützen und Tagelöhner von ihres Gleichen zu Grabe getragen werden, insofern deren Anverwandte nicht selbst Träger annahmen. Inzwischen war aber darüber Zweifel entstanden, ob es von dem freien Willen solcher gewählten Träger abhänge, sich gebrauchen zu lassen, oder sie dazu verbunden seien. Dieser Zweifel ward durch Verordnung vom 10. Mai 1791 einfach dadurch beseitigt, daß man decretirte, daß nach aller Vernunft und christlicher Billigkeit die Beerdigung solcher ehrlicher Personen auch von Anderen als von ihres Gleichen nicht verweigert werden kann, daß in Fällen, wo Amts- oder Rentereidiener, Nachtwächter und Hirten in den Städten mit Tode abgehen, die Zünfte, nach der Reihe abwechselnd, die Beerdigung und Begleitung der Leiche übernehmen sollen.

Die Gilden und Zünfte zu Kassel remonstrirten und petitio-nirten zwar gegen alle dergleichen Anordnungen und Eingriffe in ihre Gerechtsame und herkömmlichen Sitten und Gebräuche und hielten zu diesem Zwecke Versammlungen. Aber längst war ihr Ansehen gebrochen und als sie sogar so weit gingen, Sr. Hoch-fürstlichen Durchlaucht im Namen sämmtlicher Gilden und Zünfte eine unterthänige Bittschrift um gnädigste Erlassung der Hälfte der

Contribution zu übereichen, so erfolgte am 3. November 1793 die höchste Resolution: „sämmtlichen Zünften in der Residenz Kassel wird bei „Zuchthausstrafe" untersagt, bei der Mutterlade ohne Beisein der Oberzunftmeister zusammen zu kommen, oder höchsten Orts eine Vorstellung, ohne daß solche von beiden Ober-Zunft-meistern attestirt sei, zu übergeben."

Aus unserer Darstellung wird man ersehen haben, daß die Stellung der Zünfte im Mittelalter mehr darauf gerichtet war, eine soziale und politische Gewalt in Händen zu haben, um auf das Gemeinde- und Staatsleben einzuwirken, als daß es ihnen darum zu thun war, für Ausbildung der Gewerbe selbst Sorge zu tragen. Um sie aus dem gewohnten Schlendrian aufzuwecken, griffen hervorragende Regenten Hessens zu Mitteln, die wir nicht unberücksichtigt lassen dürfen. Die Absicht war, dem inländischen Gewerbsmann ein Beispiel zu geben und gleichzeitig dem ganzen Zunftwesen dadurch einen Todesstoß zu versetzen, daß man mit einem Worte die Axt an die Wurzel legte.

Schon Landgraf Moritz erließ Verordnungen, nach welchen die wegen Bekennung der allein selig machenden (reformirten) Religion vertriebenen fremden Leute allerwärts wohl aufgenommen werden, zwei Jahre frei sitzen und wenn Handwerker darunter wären, solchen binnen oder nach Ablauf dieser zwei Jahre auf ihr Begehren unweigerlich in Zünfte und Gilden recipirt, auch wenn sie bescheinigen würden, daß sie schon anderwärts als Meister gestanden, nicht mit einem neuen Meisterstück oder Examen, oder auch im Zunftgeld höher denn Einheimische belegt und beschwert werden sollten. Da diese in die Zünfte aufgenommen werden sollten, so gehören sie nicht unter die Klasse der Freimeister, und ist von ihnen eigentlich hier nicht die Rede.

Eine andere Bewandtniß hatte es mit denen gegen das Ende des 17. Jahrhunderts sich in Hessen niederlassenden französischen Flüchtlingen. Landgraf Karl und dessen Nachfolger ertheilten diesen sowie auch andern fremden Manufacturisten und Handwerkern sehr ausgedehnte Freiheiten.

3*

Die Handwerker dieser Art sollten:

1) zehn Jahre lang von allen Abgaben — außer von solchen Realabgaben, welche auf bereits erbauten und von ihnen erkauften bürgerlichen Häusern oder anderen Gütern hafteten — frei sein. Die, welche blos ein Handwerk oder dergleichen treiben, ohne neue Gebäude aufzuführen, sollten diese Freiheit auf eine demnächst weiter zu bestimmende Anzahl Jahre genießen.

2) Sie sollten ihre producirte Waare frei und ungehindert in und außer Landes verkaufen, jedoch solche zuvor im Lande zum Verkauf anbieten.

3) Sie sollten Meister und Gesellen, so viel sie deren nöthig hätten, verschreiben und annehmen, auch Lehrjungen aufdingen und lehren dürfen, auch, sobald sie den Huldigungseid geleistet, zur Meisterschaft zugelassen sein, ohne daß es sie etwas koste, nur daß die von ihnen gelehrten Lehrjungen nicht eher die Freiheiten mitgenießen und sich als Meister etabliren sollten, bis sie Zeugnisse beigebracht, wie lange sie bei Meistern gewesen. Auch fremde Gesellen, welche bei ihnen in Arbeit stehen, können, falls sie das erforderliche Vermögen inseriren können, als Beisitzer aufgenommen werden.

4) Alles Handwerkszeug und übrige Geräthe, die sie zu ihrem Haushalt und Handwerk nöthig hätten, sollten zollfrei in's Land gebracht werden können. Ueberhaupt sollen sie

5) alle bürgerliche Nahrung, ohne Jemandes Verhinderung, zu treiben befugt und den übrigen Unterthanen darin ganz gleich sein.

6) Diese Freiheiten sollten auf die Kinder dergestalt übergehen, daß diese die Freijahre, welche bei dem Tode der Väter von den bewilligten noch übrig wären, genießen sollten.

7) Nach Verlauf der Freijahre sollte es vom Gutfinden des Landesherrn abhängen, deren noch mehrere zuzustehen.

8) Sie haben das Recht, nach der Stimmenmehrheit unter sich Waarenbeschauer zu erwählen, welche jedoch der Confirmation der Regierung bedürfen und derselben von Allem getreuen Bericht abstatten müssen.

9) Guten und ehrlichen Arbeitern sollen nöthigenfalls Vorschüsse gethan werden.

10) Ohne specielle Bewilligung darf sich aber Keiner dieser Freiheiten anmaßen.

11) Den zu Hersfeld, Vach und Philippsthal etablirten soll gestattet sein, Lehrlinge anzunehmen und diese sollen in die Landeszünfte aufgenommen werden, wenn sie Zeugnisse ihrer Meister über ihre Tüchtigkeit beibringen.

12) Es wurde ein besonderes französisches Gericht angeordnet, dem jedoch die, welche freiwillig sich in eine Zunft begaben, in Zunftsachen nicht, sondern alsdann der deutschen Obrigkeit untergeben sein sollten.

13) Die Zunftbriefe sind auf die französischen Refugiés nicht zu extendiren, sondern es hat bei den diesen ertheilten Privilegien sein lediglches Bewenden.

Einem Kolonisten zu Wiesenfeld wurde die Aufnahme in die Zunft abgeschlagen und er in das erhaltene Dispensations-Rescript verwiesen. Doch stehen sie hin und wieder auch in den Zünften der benachbarten Städte.

———————

So hatte die fortentwickelte Geschichte der Menschheit und der Zahn der Zeit dieses Gebäude nach allen Seiten hin durchlöchert und in allen Balken und Sparen den Wurm erzeugt, der an seinem inneren Zusammenhalt nagte und es dem Einsturz entgegenführte.

In Folge des Tilsiter Friedens ward durch Napoleon das Königreich Westphalen gebildet. Durch Gesetz vom 5. August 1808, die Einführung einer Patentsteuer betreffend, war der Zunftzwang aufgehoben und allgemeine Gewerbefreiheit eingeführt und durch Königliches Decret vom 22. Januar 1809 wurden die bestehenden Zünfte aufgehoben, ihr Vermögen für Staatseigenthum erklärt und ihre Schulden vom Staate übernommen. Ihre endliche Organisation erhielt jedoch die Patentsteuer erst durch ein Gesetz vom 12. Februar 1810, wodurch zugleich die obengenannten Gesetze wieder aufgehoben wurden.

Sowie nur die Gewerbe und der Handel frei wurden, sowie sie nur das Licht und die Wärme der Freiheit empfanden, begann auch ein reges Leben. Die Zünfte waren gefallen, von Niemandem betrauert und beweint. Das Gebäude war aus Alterschwäche bei dem ersten Anstoß durch ein äußeres Ereigniß eingestürzt und obgleich der zünftige Meister den Patentmeister, wie er ihn geringschätzend nannte, scheel ansah, so konnte er doch nicht wegleugnen, daß er sich rasch in eine ganz andere Sphäre des Wohlstandes und des Aufschwunges seines Gewerbes bewegte. Es bedurfte nur kurze Zeit und der Handwerker mußte sich lediglich seinem Handwerke widmen und seinen bisher nebenbei getriebenen Garten- und Ackerbau, wenigstens hier in Kassel, Anderen überlassen. Daß die Zeitverhältnisse, der Luxus des Hofes, die schnelle Zunahme der Bevölkerung viel, ja das Meiste dazu beigetragen haben, will und kann ich nicht verleugnen, ebensowenig, daß der in manchen Familien der Gewerbe noch herrschende Wohlstand sich aus dieser Periode herschreibt. Eben deshalb erscheint es aber auch als eine ganz besondere Abnormität, wenn wir Söhne und Enkel solcher Patentmeister als eifrige Vorfechter der Zünfte und des Zunftzwangs erblicken, die sich ihres Ahnen schämen oder ihre Herkunft damit beschönigen wollen. Gerade sie sollten der Wahrheit die Ehre geben und sich als lebendige Beispiele für die Gewerbefreiheit hinstellen. Ohne diese Zwischenperiode hätten sie nicht die bürgerliche Existenz, die sie einnehmen.

Es wird Niemand der Zeit der tiefsten Erniedrigung Deutschlands und unseres engeren Vaterlandes insbesondere das Wort reden, aber sie brachte auch Ideen zum Austrag und zur Einführung in das wirkliche Leben, die wieder entgegen doch ihre historische Geltung verlangen. Dahin gehört auch die Gewerbefreiheit, während wir die Oeffentlichkeit und Mündlichkeit des Gerichtsverfahrens, die Aufhebung der Frohnden, des Lehnsverbandes ꝛc. bereits wieder erlangt haben und es Niemandem einfallen wird, zu behaupten, daß seitdem die Rechtspflege gelitten habe. Bezeichnend ist es, daß mir wenigstens bis jetzt nichts bekannt wurde, wonach sich auch nur eine Stimme nach dem Falle des westphälischen Königreichs erhoben hätte, welche die Herstellung der Zünfte verlangt und die

Nachtheile der Gewerbefreiheit während dieser Periode geschildert
hätte. Wir sind noch im Besitze von ganzen Schaaren von Flug-
schriften, Pamphleten und Petitionen aus dieser Zeit, welche die
Zügellosigkeit des Hofes, das Heer der Avanturiers, womit sich derselbe umgab, die Kriegsdienste, die Abgaben, welche eine uner-
schwingliche Höhe erreicht hatten, die Einquartirungslasten ꝛc. ꝛc.
geißelten und ihre Abstellung verlangten. Die Gewerbefreiheit, die
Schwurgerichte ꝛc. hatte das Volk aber bereits lieb gewonnen; aber
sie wurden ihm entzogen, während die Abgaben nicht allein bei-
behalten wurden, sondern sich noch vermehrten und deshalb auch
bereits auf dem Landtag 1815/16 umfassende Verhandlungen statt-
fanden. Das beste Zeugniß, welches man wohl aus den Akten
anführen kann, ist in der Reklamation der anwesenden Stände
und Deputirte von Prälaten und Rittern vom 25. April 1816,
ihre Vorrechte betreffend, enthalten; sie sagen darin von der westphälischen Zwischenherrschaft §. 4.: „Zwar verlor der Adel in
unserem Vaterlande die ihm nach der alten Verfassung zustehenden
Vorrechte, doch wurden seine Güter wenigstens anfänglich nicht
gleich den übrigen besteuert, auch fanden ihre Besitzer einigen Er-
satz in der Aufhebung des Lehnsverbandes und in der uneinge-
schränktesten Gewerbe- und Handelsfreiheit.“ Von demselben Land-
tage ward ein Gesuch der Wollentuchmacher zu Homburg wegen
Beschränkung des Wollenhandels mit dem Bemerken zurückgewiesen,
daß jede Handelseinschränkung dem allgemeinen Landeswohl entgegen sei.

Nach der Meinung des Regenten gehörte zur alten glücklichen
Zeit nicht nur die Wiedereinführung aller bestandenen Institutionen,
sondern auch die Entziehung der Vortheile, welche die westphälische
Regierung zur Belebung des Kunst- und Gewerbefleißes und eines
freien Verkehrs der Unterthanen hatte angedeihen lassen. Es mußte
daher auch eine Zunftverfassung wieder eingeführt werden.

Am 21. Februar 1816 übergaben die versammelten Stände
deshalb ein Promemoria der Regierung, dahin lautend: „Treu ge-
horsamsten Ständen ist bei ihrer vorjährigen Versammlung die
Mittheilung der Vorarbeiten in Betreff des Zunftwesens zugesichert
worden, es ist aber solche wegen der nachher erfolgten Vertagung

des Kongresses unterblieben. Sie wollen sich daher solche der hohen Wichtigkeit des Gegenstandes wegen zu ihrer gutachtlichen Aeußerung dermalen erbitten." Hierauf erfolgte bereits unterm 25. Februar 1816 die Resolution: „die allergnädigst genehmigte neue Zunftordnung werde bereits gedruckt und in der Kürze erscheinen, wodurch anwesenden Ständen und Deputirten die Ueberzeugung wird verschafft werden, daß hierbei alles berücksichtigt worden ist, was zur Beförderung der Kunstfertigkeit und Erhebung der Gewerblichkeit dienen und das Zunftwesen von allen Mißbräuchen reinigen möchte. Bei dieser Lage der Sache sei das Zunftwesen nicht mehr zu den Gegenständen zu zählen, worüber der gutachtlichen Aeußerung der Landstände entgegengesehen wird."

Wenige Tage darauf, am 5. März 1816, erschien denn auch die Zunftordnung, welche nur bis jetzt in Wirksamkeit steht. Als Motive werden in der Einleitung aufgeführt: daß in Kurhessen die Zünfte unverkennbare Vortheile gewährten, indem sie 1) die Ausbildung der Handwerker beförderten; 2) das Eingreifen in nicht gründlich erlernte Arbeit, die Verwirrung der Gewerbe und die daraus entstehende Verminderung der Kunstfertigkeit verhüteten; 3) die Unterordnung der Arbeitsgehülfen unter ihre Meister befestigten, auch die Staatsaufsicht über die Gewerbgenossen erleichterten; 4) die städtische Nahrung überhaupt erhielten die Abziehung der Landleute von der Urproduction, der sichersten Quelle des Nationalvermögens; wie auch 5) die Uebersetzung einzelner Gewerbe erschwerten, ordentlichen Handwerkern ihr Auskommen sicherten, zugleich manche Einrichtung für die leidende Menschheit entstehen ließen; und hiermit 6) dankbare Anhänglichkeit an das Vaterland und dessen Regierung, sowie gute Erziehung der künfgen Bürger bewirkten, die Ehre des Gewerbes aufrecht hielten und wider Sittenlosigkeit und Betrug der Handwerker ein Damm waren; ferner, daß in benachbarten wie in anderen Staaten Teutschlands, welche mit dem Unsrigen in wechselseitiger Berührung stehen, die Umreißung jener alten Schranken bedenklich gefunden worden ist; auch die frühere Erfahrung die Zunft-Einrichtung Teutschlands dadurch bewährt hat, daß der teutsche Handwerksmann in nahem und fernem Auslande gern gesehen wurde; daß von der, während der feindlichen Besetzung Unserer Lande eingeführten unbedingten Gewerbefreiheit glückliche Folgen nicht wahrzunehmen sind, und die Vervollkommnung verschiedener Gegenstände des Luxus allein dem durch dessen Verbreitung vermehrten Absatze zuzuschreiben ist; daß aber auf der andern Seite die vorhinnige Beschaffenheit des Handwerks- und Zunftwesens den Forderungen des gegenwärtigen Zeitalters nicht überall entsprach; daß manches Bannrecht Unsere Unterthanen allzu scharf trennte, schlechter Arbeit einen Markt erzwang und selbst dem begünstigten Handwerksgenossen bei veränderten Verhältnissen verderblich wurde; endlich daß dem Wiederaufleben eines jeden Mißbrauches mit Strenge begegnet werden muß.

Aus diesen Gründen und mit Rücksicht auf den allgemeinen Wunsch des Gewerbestandes erlassen Wir nunmehr folgende Zunft-Ordnung:

„§. 1. Die Zünfte werden in Unseren Staaten hierdurch unter den nachfolgenden Bestimmungen und Einschränkungen hergestellt.

Demzufolge treten die Zunftbriefe, so weit sie der gegenwärtigen Verordnung nicht zuwider laufen, in ihre Kraft zurück, und Unser Lehnhof zu Kassel sowie Unsere Regierung zu Hanau haben die höhere Leitung der Zunft-Angelegenheiten wieder zu übernehmen."

Kaum war diese Verordnung erlassen, so bestand der erste Schritt, welchen die wieder hergestellten Kaufmannsgilden zu Kassel, Hersfeld, Rotenburg, Melsungen, Spangenberg, Lichtenau, Waldkappel und Sontra thaten, darin, daß sie bei den Ständen mit Gesuche einkamen, sich dahin zu verwenden, daß ihnen nach in der Zunftordnung ohnehin ausgesprochenen allerhöchsten Intention gegen die Handelsfreiheiten der Juden geholfen werde. Stände richteten deshalb am 7. Mai 1816 ein Promemoria an die Regierung, worin sie theilweise diese Bitten unterstützten. Wahrscheinlich hatte dieses die Folge, daß der Abschluß des Vertrages beschleunigt ward, wodurch den in den altheſſiſchen Gebietstheilen wohnenden Juden die bürgerlichen Rechte ertheilt wurden unter dem lästigen Titel, daß sie 100,000 Gulden zur Kabinets-Kasse, 1800 Thlr. zur Kammer-Kasse und 1400 Thlr. zur Sportel-Kasse bezahlen. Denn bereits am 14. Mai 1816 erschien die betreffende Verordnung.

Die Zunftordnung hat von alldem, was sie leisten sollte, nichts geleistet und konnte nichts leisten. Wenn sie ihren Zweck hätte vollständig erfüllen sollen, dann hätte man eine Mauer um das ganze Land ziehen müssen und auch diese hätte nichts genützt, denn durch die Lüfte schwebte ein anderer Zeitgeist.

Der Uebergang von einem Extrem in das andere ward durch besondere Umstände, namentlich in Kassel, erleichtert. Wenn auch kein Verhältniß zu den Ausgaben des Hofes Wilhelm I. zu dem des Jerome Napoleon stattfand, so kam doch auf andere Weise Geld in Umlauf, namentlich durch den Beginn großartiger Bau-Unternehmungen (Kattenburg), das sich später unter Wilhelm II. noch außerordentlich dadurch steigerte, daß eine Hofhaltung stattfand, deren luxuriöse Einrichtungen und dadurch veranlaßte Ausgaben keine Schranken kannten und eine rückwirkende Kraft auf alle dazu Gehörigen hatten. Das Bauen war ein stetes und ständiges geworden, theils durch den Anbau neuer Gebäude, Aufbau und Niederreißen, Verschönern und Vergrößern, ein großartiges Theater und endlich die Garnison, welches Alles ineinandergriff und Geld in Umlauf brachte, wodurch man sich nach und nach an diesen Zustand der Dinge gewöhnte, bis andere Zeitverhältnisse und andere Anschauungsweisen auf eine Aenderung hinwiesen.

Eine umfassende Kritik der Zunftordnung und der zu ihrer Handhabung weiter erlassenen Verordnungen und Ausschreiben von 1818, 1822 1827 2c. können wir uns freilich entheben. Sie sind verurtheilt sowohl von der öffentlichen Meinung überhaupt, als auch von dem Publikum, den Gewerbtreibenden selbst und auch von der Staatsregierung, dafür zeugen die Versuche, die man bereits gemacht hat, sie zu ändern, wie die Vorlage eines deshalbigen Gesetz-Entwurfes im Jahre 1840 und auch die von der Staatsregierung jetzt von uns verlangten Gutachten beweisen.

Dem Gewerbestand gewährt die Zunftordnung keinen Schutz und keine Rechte mehr, denn die Praxis, die sich durch die Zeitverhältnisse, namentlich den Zollverein, die Verkehrsmittel, die Maschinen, die Fabriken gebildet hat, haben es dahin gebracht, daß sich wohl wenige Bestimmungen derselben nachweisen lassen, die nicht durch dieselben verletzt oder ganz außer Uebung sind.

Aber alle gemachten Versuche mußten scheitern, weil sie nur die Halbheit wollten, weil sie ein an sich unhaltbares Gebäude nur flicken wollten und sowie dies auf einer Seite geschehen, die andere Risse und Brüche erhielt. Also herunter mit dem Ganzen, das Niemandem mehr Schutz und Schirm gewährt, das seine ganze Bedeutung verloren hat und das meist nur noch von solchen vertheidigt wird, die selbst für sich die Gewerbefreiheit faktisch ausüben, aber sie Anderen streitig machen. Man gehe in den ersten besten offenen Laden eines Kaufmannes oder eines Handwerkers und untersuche seinen Bestand und man wird auch nicht Einen mehr finden, wo man nicht die volle Ueberzeugung erhielte, hier muß Gewerbefreiheit existiren! Man frage die Kaufleute, die Zimmerleute, die Schreiner, die Schlosser, die Nagel- und Grobschmiede, die Schneider, die Seiler, die Wollen- und Leinenweber, die Schuster, die Strumpfweber, die Posamentirer, die Gold- und Silberarbeiter, die Drechsler, die Korbmacher, die Buchbinder, die Weißbinder, die Maurer, die Loh-, Roth- und Weißgerber, die Handschuhmacher, die Hosenmacher, die Sattler, die Riemer, die Wagner, die Rad- und Gestellmacher, die Blechschmiede, die Kammmacher, die Büchsenmacher, die Schwerdtfeger, die Kiefer und wie sie noch alle heißen mögen, ob nicht durch die veränderten Zeit- und Gewerbeverhältnisse sie, wenn sie bestehen und sich und ihre Familie ernähren wollten, gezwungen wären, Uebergriffe in andere Zunftgerechtsame zu begehen, und man frage weiter jede dieser Zünfte, ob sie nicht gegenseitig in Prozeß und Streitigkeiten gelegen über diese Eingriffe, und ob sie irgend etwas mehr davon als die Zeitversäumnisse und Kosten gehabt haben? So ist de facto die Zunftordnung selbst eigentlich jetzt weiter nichts mehr als eine Sportelordnung, die Niemandem auch nur noch den geringsten Schutz gewährt. Die Akten des Oberzunftamtes weisen dies in Verbindung mit denen der Regierung nach, wo, selbst wenn die erstere Behörde noch nach der Zunftordnung entscheiden muß, doch ohne große Schwierigkeiten Dispensation von der letzteren ertheilt werden.

Die ganze Zunftordnung führte aber von Hause aus auch nur zu Plackereien und hatte unzeitgemäße Institutionen in's Leben gerufen, denen man noch dazu die Entwickelungsfähigkeit abschnitt. Wir haben gesehen, daß die westphälische Regierung bei Aufhebung der Zünfte das Vermögen derselben für den Staat einzog, dagegen aber auch die Bezahlung der Schulden übernahm. Die Kurhessische Regierung stellte die Zünfte wieder her, gab ihnen ihr Vermögen nicht zurück, verpflichtete sie dagegen, die etwa ungetilgt gebliebenen Schulden, sofern ihre Entstehung rechtsgültig war, zu bezahlen (§§. 24. 25.) Dies führte zu Prozessen, die zu Ende der 1840er Jahre noch nicht alle ihre Erledigung gefunden hatten.

Unter solchen fortwährenden Kämpfen und Reibungen aller Art siechte das Gewerbewesen in Kurhessen fort bis zum Jahre 1848. Von diesem Jahre ist uns freilich nur noch die Erinnerung an eine verunglückte patriotische Erhebung für Deutschlands Einheit, Macht und Größe übrig geblieben. Dagegen ist jene merkwürdige Bewegung beinahe vergessen, welche sich damals unter den Gewerbtreibenden und den arbeitenden Klassen Deutschlands mit ganz anderen als politischen Tendenzen kund gab. Nur der deutsche Handwerker-Kongreß, welcher vom 15. Juli 1848 an mehrere Wochen in Frankfurt tagte, hat eine gewisse sprüchwörtliche traurige Berühmtheit erlangt, weil er bekanntlich eine Gewerbeordnung fertig brachte, die uns wieder nach und nach in die finstersten Epochen des Mittelalters hätte zurückdrängen müssen. Jener Kongreß war bereits der Ausdruck einer abwärtsführenden Stimmung. Es ist nicht blos der allgemein beklagte Mangel an politischer Bildung und Erfahrung, welcher uns wiederum in unsere staatliche Zerklüftung hinein parlamentirt und disputirt hat, es ist mindestens ebensosehr die ökonomische Unreife, welche mit dem Losungswort „Freiheit für Alle" zugleich den Nachsatz „Schutz für mich" verband. Fast jeder Handwerksmann hielt sich für befähigt, auf Abschaffung aller Privilegien und Rechte der Fürsten, des Adels und der Behörden anzutragen, aber die eigenen Privilegien sollten wo möglich noch ausgedehnt werden. Dieser offenbare Widerspruch, dieser Mangel an großen würdigen Principien die Allen gemeinsam sein sollten, mußte sehr bald dem Gelingen des nationalen Einigungswerks ebenfalls hindernd in den Weg treten, denn man kann wenig erwarten, so lange die unzertrennlichen politischen und wirthschaftlichen Lebensfragen der Masse des Volkes noch so völlig unklar sind.

Die Grundlage wahrer politischer Freiheit ist doch jedenfalls die Selbstständigkeit des Bürgers, die Fähigkeit, selbst zu regieren, auf eigenen Füßen zu stehen und seine Existenz nicht auf eine künstliche Organisation des Erwerbes von Oben her zu stützen. Wie soll der Bürger sich seiner politischen Aufgabe bewußt werden, wie soll in ihm das Bedürfniß rege bleiben, einem großen Vaterlande, einem Volke von Macht und Ansehen unter den übrigen Nationen anzugehören, wenn ihn noch der enge Horizont der städtischen Mauern, der zünftigen Bannmeilen, des Ortsbedürfnisses gefangen hält, wenn nicht schon die Interessen seines täglichen Erwerbes seinen Blick erweitern zur Erkenntniß dessen, was seinem Staate politisch und wirthschaftlich Noth thut?

Wer frei sein will, muß vor Allem erst lernen gerecht zu sein und muß die Freiheit auch Denen gönnen, die nicht schlechter sind wie er und dieselben Rechte beanspruchen können. Er darf seine ärmeren Mitbrüder nicht daran hindern, sich auf redliche Weise ihr Brod zu erwerben und alle Gelegenheiten zur Verbesserung ihres Zustandes durch Arbeit zu benutzen. So lange die Zunftgesetze bestehen, wird sich auch eine Kluft zwischen Meistern und Gesellen und der täglich wachsenden Klasse von Fabrikarbeitern forterhalten. Diese Kluft wird schon den Frieden in den einzelnen Gemeinden und noch mehr darüber hinaus stören.

Man sollte der Masse der Arbeiter in den Fabriken und in den freien Gewerben von Seiten des Staats doch mindestens diesen gerechten Grund zur Unzufriedenheit mit den bestehenden Zuständen nehmen, oder man sollte sich nicht wundern, wenn in dem nicht privilegirten Arbeiterstande bitteres Mißtrauen gegen die Regierungen genährt wird, die sich mit ihrer Bevormundung und Einmischung in den Broderwerb ihrer Bürger nur Last und Verantwortlichkeit aufbürden, welche das Regieren im guten Sinne erschwert und die Regierenden in unnöthiger Weise unpopulär macht.

Zu den üblichen herkömmlichen Plackereien ist nun auch noch seit einiger Zeit eine neue gekommen, welche fast der Sportel= macherei so ähnlich sieht, wie ein Ei dem andern. Ein zünftig ge= lernter Geselle nimmt aus irgend einem Grunde Arbeit in einer Fabrik. Ist er von hier, so ist es bei einigen Zunftmeistern, wir sagen nicht bei allen, Gebrauch geworden, einem solchen Fahnen= flüchtigen den Lehrbrief abzunehmen. Man will ihn dadurch zum Fabrikarbeiter stempeln. So lange die Zünfte noch bestehen, ließe sich gegen diese Sitte nichts sagen, obgleich der betreffende Geselle in der Fabrik sich mehr ausbilden kann, als öfter bei einem Meister. Aber der Pferdefuß kommt nach. Der betreffende Arbeiter verläßt die Fabrik und will wieder zünftig arbeiten oder sich auf sein er= lerntes Handwerk als Meister verehelichen. Da sollte man denn doch meinen, die Zunft nehme den reuigen Sünder freudig wieder auf. O nein! Die Aufnahme findet zwar statt, aber — nur gegen noch= malige Zahlung der vollen Gebühren. Ja man treibt es so weit, daß von den Lehr= 2c. Jahren gegen schweres Geld Dispensation er= wirkt werden muß, und nebenbei stehen dann auch noch die Zunft= meister, Deputirte und Diener und halten die Hand auf, um noch einmal die Taxen zu empfangen, wobei denn alle Gemüthlichkeit aufhört. Solche Zustände untergraben alle sittlichen Grundlagen, worauf die große Vereinigung des Staates ruhen soll. Man ignorirt dabei ganz die Zeitverhältnisse, daß man den zünftigen Gesellen in die Fabrik drängt, wenn er eine Familie begründen will. Als „Fabrikarbeiter" wird ihm die Erlangung des Beisitzerrechts und der Heirathsconsens erleichtert. Daß nur aus diesem Grunde Viele „in die Fabrik gehen", um nach einigen Monaten, mit einem Zeugniß des Fabrikanten versehen, als Supplikanten aufzutreten, das wissen die Behörden und das weiß auch das Publikum. Daß eine solche Täuschung, für die Dauer geübt, nur demoralisirend einwirkt, wird wohl Niemand in Abrede stellen. Man hört wohl hier und da die Entgegnung, solche Leute brauchen nicht zu hei= rathen, aber diese Leute vergessen, daß sie dem germanischen Volks= stamme angehören. In dieser Beziehung sagt Becker*) ganz richtig:

*) Die Gewerbefreiheit als Mittel gegen die Ehelosigkeit.

„Bei keinem Volke ist die Familie ein größeres Bedürfniß als bei dem Deutschen; sie ist sein eigentliches Lebenselement, welches ihm nicht entzogen oder geschmälert werden darf, wenn seine ganze Existenz nicht in Frage gestellt werden soll. Sitte und Gesetz, Religion und Tugend, Kirche und Staat wurzeln in der deutschen Familie und werden gipfeldürr, wenn sie aus diesem Boden nicht ihre Nahrung ziehen. Der Deutsche zumal unter allen Völkern hat die von der Natur gegebene, von der Sitte von Jahrtausenden weiter gebildete und in die ehernen Tafeln der Gesetzgebung eingeschriebene Bestimmung des Menschen in dem Gegensatze von Mann und Weib, die nur einem entarteten Geschlechte als eine göttliche Strafe erscheint, als den größten Segen Gottes hingenommen und festgehalten und dadurch die andere Bestimmung des Menschen: die Berufnng zur mühevoll erobernden Arbeit, erfüllt, den göttlichen Fluch für den Faullenzer: „Im Schweiße deines Angesichts sollst du dein Brod essen“, in Segen verwandelt. Die Familie und die Arbeit sind also die mächtigsten Hebel zur Hebung eines Staates, und heute, wo die falschen Stützen desselben überall zusammenbrechen und die sociale Theorie nach allerlei Rettungsmitteln sucht, mehr als je zu empfehlen. Frankreich, das am tiefsten krank liegt in dieser Beziehung, möge uns ein warnendes Beispiel sein, daß alle Versuche zur Rettung der Gesellschaft eitel sind, so lange sie nicht basiren auf den beiden Grundvesten eines Staates: auf der Familie und der Arbeit. Man lese Michelet: „L'Amour“. Höre man Aimé Martin: „Wir Franzosen haben uns der Welt gezeigt als Philosophen und Christen, als Royalisten und Jacobiner, unter dem Flittergolde des Kaiserreiches wie unter den Lumpen der Sansculotten und unter den Scapuliren der Jesuiten; in der einen Hand die Gesetztafeln der Rechte des Menschen, in der andern das Beil Robespierre's oder den Säbel Napoleon's. Die Tugend hatte ihre Hochgerichte und das Verbrechen seine Vergötterung. Jetzt gilt es, die Civilisation der Welt auf dem Fundamente der Moral zu gründen. Die Schulmänner und die Gesetzgeber vermögen hier nichts; weder von der Rednerbühne herab, noch in den Klubs, noch in den Kollegien, noch durch Gesetze kann diese Umwandlung zu Stande gebracht werden. Laßt uns vielmehr

eine Macht aufsuchen, der alle Augenblicke, alle Stunden, alle Jahr-
hunderte unterworfen sind; eine unzerstörbare, unermüdliche Macht,
die aus Liebe wirkt und die ganze menschliche Gesellschaft umfaßt;
laßt uns in der Familie Hülfe suchen für die Familie, für den
Staat, für die Menschheit!"

„Müssen dort, in Frankreich, erst die Bausteine zu dem gesellschaftlichen Grundbau, der Familie, neu gesucht werden, so liegen
sie in Deutschland überall vor, sie dürfen nur gefügt und die
Hindernisse beseitigt werden. Der Deutsche ist einzig in der
Familie daheim und seine Schuld ist es nicht immer, wenn er dieses Glück des Daheimseins entbehren und sich vereinsamt und nutz-
los auf der weiten Oede des Lebens herumtreiben muß. Das
„Junggesellenthum" und die „alte Jungfer" ist nichts Nationales
in dem deutschen Wesen. Wenn diese Erscheinung jetzt mehr als
sonst auftritt, so müssen wir den Ursachen nachforschen. Der
deutsche Witz hat von jeher die Ehrlosigkeit scharf gegeißelt. In
Bern verweist er sie auf das unfruchtbare und langweilige „Girizze-
moos" bei Murten und in den einsamen „Affenwald" daneben.
In Frankfurt a. M. bohnen (wichsen mit Wachs) die alten Jung-
fern den Pfarrthurm und die alten Junggesellen pflastern die Pfingst-
weide mit Linsen, weil sie ihre eigentliche Bestimmung, in der Familie und durch dieselbe ihre Lebensaufgabe zu erfüllen, nicht erreicht haben. „Je länger Junggesell', je tiefer in der Höll'" heißt
der alte Volksspruch, und das Schrecklichste, was es für eine Mutter
und ihre Töchter gibt, ist der Gedanke an eine alte Jungfer. Und
dennoch mehren sich diese Unglücklichen, denen nicht das Loos zu
Theil wurde, an der Hand eines Gatten durch's Leben zu gehen,
mit jedem Jahre zu Tausenden."

„Man hat die Verbildung und Ueberbildung des weiblichen
Geschlechts, das zu allem Möglichen, nur nicht für das Familien-
leben erzogen werde, den Luxus und die Verschwendung der heutigen Frauenwelt als Grund der wachsenden Ehelosigkeit bezeichnet;
und allerdings mag die fast ausschließlich literarische, ästhetische und
künstlerische Bildung, die man in den letzten Jahrzehnten von Seite
der Jungfrauen als Mitgift in die Ehe darbietet, wenig geeignet
sein, ernste und gewissenhafte Männer zu bestimmen, mit solchem

Kapital allein sich einen Hausstand zu gründen, zumal die Ansprüche an das Leben dadurch nur noch vermehrt und die Ausgaben vergrößert werden."

„Es wird wohl erlaubt sein, zur Ehre deutscher Frauen und Jungfrauen auch einmal auf andere Gründe als die, welche man dem weiblichen Geschlechte gewöhnlich in die Schuhe schüttet, wenn von der Ehelosigkeit die Rede ist, aufmerksam zu machen und das ganze weibliche Geschlecht in die Schranken zu fordern zu seiner Ehrenrettung gegen die Philister, die ihm das Heiligthum der Ehe, die feste Burg des Hauses, verschließen, zu kämpfen mit allen dem weiblichen Geschlecht zu Gebote stehenden Mitteln, vor Allem mit der ganzen Macht weiblicher Häuslichkeit, Hingebung und Aufopferung und — alle Gatten, alle Väter und Brüder werden seine Alliirten sein."

„Wir wollen nicht erwähnen, wie Kirche und Staat in ihrem Streben nach Hierarchie und Absolutismus, alles sociale Leben ignorirend, an den Grundvesten der Familie einen Stein nach dem andern ausgebrochen haben —; laffen wir es, zu sprechen von den Stützen dieser Kirchen- und Staatsallgewalt, dem geistlichen und militärischen Cölibat, wodurch die Familie beeinträchtigt und die Unsittlichkeit privilegirt wird —; laffen wir die geistlichen Orden und die stehenden Heere unerwähnt, die alle gesetzlich ausgeschlossen sind von der Bestimmung des Menschen, die Gott selbst im Anfang der Menschwerdung ausgesprochen und in die Natur des Menschen niedergelegt hat — von der Familie und der Arbeit —; laffen wir das Alles jetzt unberührt, es wird aufhören, wenn die Hierarchie und der Absolutismus aufhören werden, wenn die Fürsten nicht mehr mit Ludwig XIV. behaupten: „Der Staat, das bin ich," und die Geistlichen nicht mehr sagen: „Die Kirche, das sind wir" —; sprechen wir jetzt von der Gewerbefreiheit, die gegenwärtig auf der Tagesordnung der Völkerberathung steht, untersuchen wir, ob sie dem Wesen und der Bestimmung des Menschen entspricht oder nicht, ob sie die Familie, die Geburts- und Pflegestätte der menschlichen Anlagen, Fähigkeiten und Kräfte, das Fundament von Wohlstand und Sitte, untergräbt oder aufbaut."

„Unsere Zeit hat die Menschenwürde auf den Thron gesetzt,

sie strebt darnach, auch den geringsten Arbeiter durch Erziehung und
Bildung auf die Stufe der freien Selbstbestimmung zu erheben,
und sich als ein würdiges und nothwendiges Glied in der großen
Kette der menschlichen Gesellschaft zu betrachten; schlägt man da
nicht dem Jahrhundert der Bildung in's Gesicht, wenn man Gesetze noch länger bestehen läßt oder neue decretirt, die die Menschen-
würde mit Füßen treten, die dem Menschen die Entfaltung und
Verwerthung seiner Fähigkeiten versagen, Mißtrauen in sein Streben,
Zweifel in seine Redlichkeit setzen und die heiligsten Gefühle verkennen? Setzt eine solche Gesetzgebung nicht ein Verhältniß wie
etwa zwischen Feind zu Feind oder zwischen Göttern und wilden
Bestien voraus, wo jede That, jedes Wort, selbst der Gedanke der
Kontrole und Bestimmung der Wächter des Gesetzes unterliegt?
Sinken Staat und Kirche durch das Verkennen des menschlichen
Wesens und das Mißtrauen in das bessere Selbst des Menschen
nicht herab zu widerlichen Zwangs- und Polizei-Anstalten, die in
jedes öffentliche und Privatverhältniß sich zu mischen, Alles und
Jedes zu erlauben oder zu verbieten für eine heilige Pflicht halten?"

„In der Freiheit heil'gem Schutz werden alle Kräfte kund,
tausend fleiß'ge Hände regen, helfen sich in munter'm Bund," tönt
es wie eine Gottesstimme an unser Ohr neben dem Geheul aus
dem Lager Derer, die den Menschen für verdorben und unfähig
zu jedem Guten halten und deshalb jeden Tritt und Schritt des
Menschen überwachen, sein Denken und Thun beschränken zu müssen
meinen. „Im Schweiße deines Angesichts sollst du dein Brod
essen," und diese göttliche Bestimmung will man aufheben durch
Beschränkung der Gewerbe, dem Menschen verbieten, wo und wie
er will, seine Kräfte und Fähigkeiten zu entfalten und verwerthen?
Müssen wir nicht schon deshalb ohne Weiteres den Stab über
solche Beschränkung brechen? Aber sie verfällt noch einem schärferen
Urtheil, wenn wir bedenken können, daß sie die Haupt-Unheilstifterin
ist von dem Verfall unseres deutschen Familienlebens und damit
der Moral und des Wohlstandes."

Die Gewerbefreiheit hängt mit der Freizügigkeit eng zusammen.
Beide sind uns dringend nöthig, um ein Volk zu werden.

Die Vereinigung über die nationalen Interessen erscheint uns in die Ferne gerückt, sobald die materiellen Interessen uns scheiden und von einander entfremden.

———

Es sei mir vergönnt, hier einen Rückblick auf die gewerbliche Bewegung zu werfen, wie sich dieselbe hier in Cassel kund gab.

Kaum hatte die politische Bewegung vom März 1848 sich consolidirt und ein Organ für die Berathung und Abwendung mancher Mißstände im Volksleben durch das gewählte Volkscomité geschaffen, als durch die Gewerbtreibenden in zahlreichen Eingaben, Wünschen und Hoffnungen vor demselben theils schriftliche, theils mündliche, in den Volksversammlungen begründete Anträge erschienen, die, wenn man sie jetzt übersieht, den Beleg für das Obengesagte liefern. Dahin zählen wir: die hintertriebene Ueberweisung von Gesellen an einen bestimmten Meister, die Zurücksetzung und nicht gleichmäßige Vertheilung in einer gewissen Gilde hinsichtlich gemeinschaftlich übernommener Arbeiten. Die Schilderung des Nothstandes der Handwerker gegen die Fabrikarbeiter und Tagelöhner, die Aufhebung der Bannrechte der Schornsteinfeger, die Herabsetzung der Bierpreise, die Verweigerung der Einführung von Gewerbs-Erzeugnissen, welche außerhalb des Zunftbezirks gefertigt sind, die Einstellung der Militär-Werkstätten und Ueberweisung der Arbeiten für daßelbe an die Zünfte u. s. w. Als nachher die politischen Vereine sich gebildet und ein jeder derselben seinen eigenen Gewerbe-Ausschuß hatte, traten die Widersprüche und wundersamsten Gegensätze noch schroffer hervor, daß bei all diesem die alte Klage über die Macht des Kapitals eine Hauptrolle spielte, versteht sich von selbst und begründete die Feindseligkeit gegen das Fabrikwesen. Nach langen mühseligen Berathungen im Bürgerverein kam die später eine gewisse Berühmtheit erlangende Petition an die National-Versammlung zu Stande, deren wesentlicher Inhalt folgender ist: „Hohe National-Versammlung! Mit der großen Mehrheit des deutschen Volkes blicken auch insbesondere die Gewerbtreibenden unter Hoffnung und Vertrauen auf die Thätigkeit einer hohen Verfassung-gebenden National-Versammlung, von der Deutschland eine durchgreifende Verbesserung des weiten Umfangs seiner öffentlichen Zustände erwartet. — Diese Thätigkeit würde — wir glauben

4*

es unbefangen aussprechen zu dürfen — zur Begründung des wahren Wohles, zur Sicherung eines dauerhaften Zustandes in Gesellschaft und Staate dem deutschen Volke keinerlei Gewähr leisten, wenn eine hohe National-Versammlung nicht auch vorzugsweise den materiellen Interessen des Volkes neue, lebendige, schaffende Grundlagen zu geben vermöchte.

Eine nationale Handels-Politik.

Eine Zollverfassung mit baldigster Hinwegräumung aller inneren Zollschranken, welche nicht nur die bestehende Industrie, sondern auch die geistigen und physischen Kräfte der Nation, die gesammte Industrie mit ihren Keimen und Wurzeln hegen und fördern wird; welche diese Förderung zum obersten Grundsatze, den finanziellen Zweck des Zollsystems dagegen — die Zollbesteuerung — unbedingt der ersteren unterordnen wird, erwartet die unzweifelhafte große Mehrheit der gesammten industriellen Bevölkerung! —

Keinen Freihandel! es sei denn in Rohstoffen zur Verarbeitung. — Keine unbeschränkte Concurrenz in der Fabrikation mit fremden Nationen, deren industrielle Kraft an Kapital oder Ausbildung der des deutschen Volkes zur Zeit noch überlegen ist! —

Eine Gewerbe-Ordnung für ganz Deutschland, gegründet auf die Verfassung eines freisinnigen Innungssystems, mit möglichst freier Selbstverwaltung durch Innungs-Vorstände, Gewerbsräthe und Gewerbe-Kammern — eine Gewerbe-Ordnung, welche dem kapitallosen Arbeiter, dessen Geschicklichkeit und Fleiß ihm die Mittel geben mag, einen Erwerb zu sammeln — den Uebergang in den Stand gewerblicher Selbstständigkeit möglich macht und erleichtert, durch geregelte Gesellenbildung, durch vorgängige Prüfung jedes Unternehmers zur Bethätigung seiner Fähigkeit in seinem betreffenden Gewerksfache, durch Errichtung von Vorschußkassen und Industriehallen für die Gewerbtreibenden und andere dem Credit und Absatz der Produkte zu Hülfe kommende Institute. —

Kein Gewerbs-Patent-System! —

Kein allgemeines Concessions-System! erwartet die große Mehrheit der Gewerbetreibenden und Handwerker, der große Mittelstand der gesammten industriellen Producenten! —

Endlich eine Grenze zwischen den Gebieten der großen Fabrikation und des beschränkteren Gewerbes, des Handwerks und der mittleren Manufaktur, die es nicht ferner zulasse, daß der Mittelstand der Städte, der zahlreiche Stand der Handwerker und Manufacturisten durch die überlegene Kapitalkraft der großen Fabrikanten gänzlich aufgelöst werde; —

eine Grenze, welche dem großen Fabrikanten sein großes Gebiet der Production und des Verkehrs im Großen anweist, ohne in das kleinere, das locale Gebiet des gewerblichen, des handwerklichen Absatzes einzugreifen und diesen in sich aufgehen zu lassen; —

eine Grenze, welche die Concurrenz der vergleichbaren Kräfte auf jedem der beiden industriellen Gebiete zuläßt, — die Concurrenz der unvergleichbaren, der ewig ungleichen Kräfte, der großen kapitalreichen Fabrikanten und des einfachen kapitalarmen Gewerbes aber beseitigt; —

eine Grenze, die gleichwohl gestattet, daß der kleinere Gewerbtreibende sein Geschäft beliebig erweitern, bei gewisser Ausdehnung dasselbe aber in die Zahl der großen Fabrikanten übergehe, dann aber aus der Klasse der mittleren Manufacturisten und Handwerker ausscheide; —

eine solche Grenze verlangt der Gewerbstand gezogen, die in jedem Gewerbsbereiche nach der commerziellen Localität zu finden ist, nach Maßgabe der durch die Gewerbeordnung zu setzenden organischen Bestimmungen.

Wie der Großhandel vom Kleinhandel factisch geschieden ist, so mag auch die große Production neben der kleinen bestehen, — eine jede in einem bestimmten Gebiete, in welchen ihre Thätigkeiten sich nicht ferner feindlich bekämpfen.

Eine freie unbeschränkte Concurrenz in einem gemischten Gebiete der gesammten Production kann hierzu niemals führen. Unter einer solchen wird immer die Uebermacht des Kapitals ihrer Natur nach die Früchte des Fleißes und der Erfindung allein ausbeuten, sich die geistige Arbeit dienstbar machen, den Mittelstand auflösen, durch dessen Beseitigung die Masse der kapitallosen Arbeiter unendlich vergrößern, und damit die individuelle, die Freiheit der Persönlichkeit wieder zu nichte machen. — Die unbeschränkte Con-

curren; schafft das Proletariat, sie führt mit diesem erfahrungs=
mäßig zum Communismus und zu der furchtbarsten, — der sozialen
Revolution.

Die Gewerbtreibenden Deutschlands haben lange Zeit die
Schäden gefühlt, an denen sie gelitten. Die neueste Zeit hat
mit dem Hauche des freien Worts, mit dem Geiste der freien
Association sie nun auch die Schäden erkennen gelehrt, an denen
sie leiden. — Die Gewerbtreibenden aller Orten sind zusammen=
getreten, sie berathen, sie verhandeln, sie schaffen; sie sind gewiß
der Wahrheit ihrer Erkenntniß, die darum eine allgemeine werden
muß; sie hoffen auch, daß eine hohe National=Versammlung nicht
den immer noch zahlreichen Mittelstand des deutschen Volkes ein
Opfer werden lasse, — ein Opfer des Systems einer Willführ=
Freiheit im Wirthschaftsleben, — ein Opfer der unbeschränkten
Concurrenz in der gesammten Gütererzeugung.

Ist einmal erst der Mittelstand des Volkes mehr und mehr
aufgelöst, wie er in der producirten Klasse Englands und Frank=
reichs fast verschwunden, dann wird — was unter den gegenwärti=
gen Verhältnissen der wirthschaftlichen Gesellschaft Deutschlands
noch ausführbar erscheint, — zur Abhülfe keine Möglichkeit mehr
gegeben sein, — es würde für unser Vaterland eine ähnliche und
vielleicht eine furchtbarere Krise eintreten, wie die neueste Zeit in
der socialen Welt Frankreichs dargeboten hat.

Durch Verschwisterung der geistigen Arbeit mit der mechani=
schen, auf welche hinzuwirken ist, durch Uebernahme der Kosten alles
Volks=Unterrichts und des Unterrichts in Real= und technischen
Schulen für unbemittelte Gewerbtreibende — auf die Schultern
des Staates — durch allgemeine Verbreitung geistiger Bildung —
durch ein angemessenes System des Erfindungs=Patent=Wesens —
wird das hohe Ziel immer größerer Vervollkommnung der Industrie
besser erreicht werden, als durch den tödtlichen Kampf manig un=
gleicher, wirthschaftlicher Kräfte in der unbeschränkten Concurrenz —
dessen Resultat zugleich das gleisnerischste und staatsgefährlichste
ist. — Diesen bereits von den Gewerbtreibenden Deutschlands fast
überall, an dieselben zur Berathung ihrer gemeinsamen Interessen

zusammengetreten, im Allgemeinen anerkannten Grundzügen, schließt sich auch der hiesige Bürger-Verein an, und bittet um geneigte Erwägung und um Anerkennung jener Grundzüge in der bevorstehenden Handels- und Gewerbs-Gesetzgebung für das deutsche Gesammt-Vaterland."

In ähnlicher Weise kamen noch hunderte von Petitionen in Frankfurt ein, welche alle sammt und sonders die verschiedenartigsten Gegenstände verlangten, als Beschränkung der Fabriken, Besteuerung der Maschinen, Trennung der Gewerbe, Abstellung der Waaren-Auctionen, Beschränkung des Hausirhandels, Abschaffung der Jahrmärkte u. s. w.

Das Resultat des Hamburger Gewerbe-Kongresses, wozu von hier aus die HH. Heckmann und Winkelbleck abgeordnet waren, ist nachstehende Adresse an die National-Versammlung zu Frankfurt a. M.:

"Hohes Parlament!
Deutsche Männer!!

Mit großen Hoffnungen und stolzem Selbstbewußtsein blickt der deutsche Bürger auf Eure Versammlung, die, so weit die Geschichte unseres Volkes reicht, zum ersten Male eine Anzahl der ausgezeichnetsten, von der ganzen Nation freierwählten Männer in sich vereinigt, um durch Gründung einer umfassenden, allgemeinen Gesetzgebung dem deutschen Volke seine Einheit und Freiheit und mittelst derselben seine Ehre und Kraft für alle Folgezeit zu sichern. Groß und heilbringend ist die Aufgabe, welche die Nation in Eure Hand gelegt hat; wir erkennen es daher als unsere heiligste Pflicht an, Euch dadurch nach Kräften zu unterstützen, daß wir auch in unseren Kreisen für die Bildung einer öffentlichen Meinung über unsere vielseitigen Bedürfnisse Sorge tragen.

Die Erkenntniß dieser Pflicht ist es, welche bereits in ganz Deutschland zahlreiche Vereinigungen selbstständiger Männer des deutschen Handwerker- und Gewerbestandes hervorgerufen hat. Die hohe Wichtigkeit der Regulirung unserer Verhältnisse hat Euch bereits bewogen, eine Kommission für Arbeits-, Handels- und Gewerbefragen niederzusetzen. Der deutsche Handwerker- und Gewerbestand, welcher in der Vorzeit seine Verhältnisse selbstthätig ordnete, wurde in neuerer Zeit durch die Bevormundung der verschiedenen Staatsbehörden von der Theilnahme an der Gesetzgebung ausgeschlossen, und gerade hierin erkennen wir den alleinigen Grund, daß eine, selbst von den wohlwollendsten Regierungen geordnete, aber von falschen theoretischen Grundsätzen ausgehende, dem praktischen Verstande schlichter Bürger durchaus nicht genügende Rechnung tragende Gesetzgebung zu ganz anderen Resultaten geführt hat, als die gesetzgebenden Behörden erwarteten.

Diese Gründe haben eine zahlreiche Versammlung von Abgeordneten des Handwerker- und Gewerbestandes aus Norddeutschland in Hamburg zusammengeführt, in welcher folgende Beschlüsse gefaßt sind:

1) Wir erklären uns mit der größten Entschiedenheit gegen Gewerbefreiheit und verlangen, daß dieselbe, insoweit sie in Deutschland besteht, durch einen besonderen Paragraphen des Reichsgrundgesetzes aufgehoben werde.

2) Wir erklären uns für mündig und befähigt, unsere Angelegenheiten selbst zu leiten, also auch die Lösung der sozialen Frage selbst zu unternehmen.

3) Wir zeigen dem hohen Parlamente an, daß wir auf Grund des allgemeinen Versammlungsrechts zum 15. Juli d. J. in Frankfurt a. M. eine Versammlung von Abgeordneten des Handwerker- und Gewerbestandes aus dem ganzen deutschen Vaterlande berufen, um einen durch dieselbe abzufassenden Entwurf einer allgemeinen Handwerker- und Gewerbeordnung ausarbeiten und dem hohen Parlamente vorlegen zu lassen.

Deutsche Männer! Wir wissen, Ihr seid zu sehr von wahrer Vaterlandsliebe durchdrungen, um anders als mit Wohlwollen auf eine Versammlung von Männern zu blicken, welche zusammenkommen werden, um Euch ihren aus eigener Erfahrung hervorgegangenen Rath zur Ordnung einer sie selbst unmittelbar betreffenden höchst wichtigen Angelegenheit anzubieten, und zugleich zur Bildung einer öffentlichen Meinung über dieselbe beizutragen.

Mit dem Gefühle der größten Achtung Eines hohen Parla-
ments ergebenste
Vertrauensmänner des Norddeutschen Handwerker-
und Gewerbe-Kongresses
Behrens. Fromholz. Heckmann. Hilgendorf.
Kihlmannsegge. Kolbe. Mager. Otte. Petersen.
Osenbrügg. Schäfer. Schlichting. Spinner.
Splett. Selenka. Wienbarg. Winkelblech."

———————— .

Die Abgeordneten von hier haben über ihre Sendung dem
Volkscomité folgende Mittheilung gemacht: „Unsere Geschäfte haben
sich so sehr gedrängt und es wurden trotzdem die zu fassenden Beschlüsse so lange verzögert, daß es uns bis jetzt noch nicht möglich
war, ein Resultat mitzutheilen; erst gestern Abend kamen wir zu
einem bestimmten Entschluß und zwar zu einem solchen, welcher
nach unserem Dafürhalten von dem größten Einfluß für Deutschland sein wird. Wir können sagen, wir haben alle unsere Zwecke
erreicht.

Als Winkelblech einen Antrag auf ein sociales Parlament und
eine, den Zeitbedürfnissen entsprechende umfassende Organisation
der Arbeit stellte, wurde derselbe mit dem größten Beifalle und
Stimmeneinhelligkeit angenommen.

Das große Werk, den Vorschlag zu einer socialen Verfassung
zu machen, haben sich die Gewerbtreibenden selbst vorbehalten und
zu diesem Behufe einen industriellen Kongreß zu Frankfurt a. M.
improvisirt. Das Protokoll, mit dessen Redaction eine besondere
Kommission noch beschäftigt ist, wird Ihnen in der Kürze zugehen
und Sie von dem Geiste der hiesigen Versammlung genügend
unterrichten. — Wäre die Versammlung länger beisammen geblieben, so wäre ohne Zweifel das von unseren Komittenten aufge-
stellte Programm in die Adresse aufgenommen werden. Die Kürze
der Zeit erlaubte uns indessen nicht, specieller in die Erörterung
der socialen Frage einzugehen und wir schlossen uns gern der
Majorität, welche nur eine ganz kurze Adresse nach Frankfurt schicken

und alles Uebrige dem industriellen Kongreß in Frankfurt überlaffen wollte, an. Es wurden mehrere Adreßentwürfe vorgelegt, aus welchen eine aus vier Perfonen beftehende Redactions-Kommiffion, welcher wir Beide angehörten, die anliegende Adreffe zufammenfeßte.

Da nur Norddeutschland den hiefigen Kongreß beschickt hatte, und Ackerbau, Handel- und Fabrikftand faft gar nicht vertreten war, fo wirkten wir aus allen Kräften mit, um ein allgemein günfti-geres Organ für alle induftriellen Stände zu befchaffen, deffen Befchlüffe nicht als die eines befonderen Standes angefehen werden können. — Das ganze Gefchäft der hiefigen Verfammlung be-fchränkte fich alfo darauf, die fociale Bewegung für ganz Deutfch-land einzuleiten und einen Kongreß zu berufen, von dem wir die außerordentlichften Erwartungen hegen dürfen.

Der Aufruf zur Bildung des Kongreffes liegt bei und wird in der Kürze in den öffentlichen Blättern erfcheinen.

Die Bedürfniffe der Induftriellen find fo dringend, daß ein wahrhaft revolutionärer Geift unter ihnen herrfcht, und daß Winkel-blech alle Mühe hatte, fie vor Uebergriffen auf das politifche Ge-biet zu warnen, und fie auf dem Boden der gefeßlichen Ordnung feftzuhalten!

Wir wollen hoffen, daß unfere beiderfeitigen Bemühungen in diefer Beziehung nicht ohne Erfolg bleiben wollen. Da man über die Bildung eines Kongreffes zu Frankfurt übereinkam, fo wollten die meiften Mitglieder Hamburg fo fchnell als möglich verlaffen, und wählten zur Erledigung aller Gefchäfte 17 Vertrauensmänner, unter welchen wir Beide uns befanden. Auch diefe haben ihre Sißungen gefchloffen, und eine aus 3 Perfonen beftehende Redac-tions-Kommiffion für die Druckfachen hinterlaffen, der Winkelblech angehört, weshalb wir noch einige Tage hier bleiben müffen.

Sind diefe Gefchäfte beendigt, fo werden wir nach Kaffel eilen, um Ihnen das Nähere mitzutheilen. Wahrfcheinlich werden wir noch einen kleinen Umweg über Bremen nehmen, weil Winkel-blech es für nöthig hält, über verfchiedene Punkte mit dem Präfi-denten der Gefellfchaft, Herrn Wifchmann, Rückfprache zu nehmen. Ferner werden wir bei der Durchreife durch Hannover Gelegenheit haben, der hannöverfchen Verfammlung Gewerbtreibender, zu der wir dringend eingeladen find, beizuwohnen. Wir bitten Sie, diese Mittheilungen sowohl den Herren Zunftmeistern und sämmtlichen Gewerbtreibenden von Kaffel, als auch einem hohen Staatsministerium mitzutheilen.

Wir haben die Ehre, mit besonderer Hochachtung zu zeichnen

verehrlichen Volksraths

gehorsamste

Hamburg, den 8. Juni 1848.   (gez.) Heckmann u. Winkelblech.

Am 17. Juli sollte die Wahl der Abgeordneten des Gewerbestandes nach Frankfurt zum Kongreß stattfinden. Hier zeigte es sich aber schon, daß eine Einigkeit unter den Zünften nicht bestand, und daß man sich selbst über die Aufgabe eines solchen Kongresses nicht klar bewußt war und sich nicht über den Wahlmodus einigen konnte. Bereits am folgenden Tage zeigten sich die Früchte des Strebens Derjenigen, welche die ganze Agitation nur dazu benutzen wollten, selbst eine Rolle in dem großen Drama zu spielen. Es war dieses das Vorspiel zu Dem, was sich später zu Frankfurt zutrug. Die Weißgerber-Gesammtzunft erließ nachfolgenden Protest:

„Wir, die unterzeichneten Mitglieder der Weißgerber-Gesammtzunft, protestiren gegen die gestern von den Deputirten des Gewerbestandes vollzogene Wahl. Wir haben uns Alle das freie Wahlrecht vorbehalten und unserm Deputirten keineswegs Vollmacht gegeben, für uns als Wahlmann aufzutreten, weshalb wir uns auch mit dem dagegen eingelegten Protest des Stellvertreters unseres Deputirten vollkommen einverstanden erklären.

Wir finden die Art und Weise der Wahl als durchaus nicht mit dem Aufrufe des Hamburger Kongresses, sowie mit den Beschlüssen der ersten Versammlung sämmtlicher Zunftmeister übereinstimmend, und wir glauben, daß in dem Sinne nur die Deputirten gewählt, daß sie mitberathend einen Entwurf oder Mandat ausarbeiten und die direkten Wahlen leiten sollen, keineswegs aber sich das Recht anmaßen, „allein für sich diejenigen Männer zu wählen, wozu wir, da es unser Aller Wohl gilt, unsere Stimmen auch zu geben haben.

Kaffel, den 18. Juli 1848."   (Folgen 27 Unterschriften.)

60

Verſetzen wir uns auf einige Augenblicke in jene Jahre der
Bewegung und Aufregung, der klaſſiſchen Nacktheit der Sonder-
intereſſen im Volke.

Der „Anbruch des Völkerfrühlings“ hatte ſchon unter dem
22. April 1848 ein „offenes Sendſchreiben“ von zweiundzwanzig
Leipziger Innungen an ihre Genoſſen vom deutſchen Handwerk
veranlaßt, worin das Signal zu einer Bewegung und Agitation
des engherzigſten Zunftgeiſtes gegeben wurde. „Als Sachwalter
„aller Hausväter, dieſer eigentlichen geborenen, d. h. durch den
Naturwuchs des Volkes legitimirten Urwähler,“ machen die Leipziger Front gegen das ganze „Walten,“ wie es ſich jetzt in Frankreich breit macht, den letzten Reſt von Tüchtigkeit und Wohlſtand
untergräbt und gleichſam mit fliegenden Fahnen und klingendem
Spiel über Preußen ſeinen Einzug in Deutſchland zu halten droht.
Dieſes „ganze Weſen“ war die Gewerbefreiheit. Hiergegen wird,
um „nicht den Gewaltſtürmen der ewig auf- und abwogenden
Gleichmacherei Thür und Thor zu öffnen,“ ein allgemeiner Innungs-
zwang empfohlen, „welcher aus dem Hauſe heraus und wieder in
das Haus hineinwächſt,“ d. h. es wurde die „Gleichmacherei“ in
der mechaniſchen Potenz der Knechtſchaft, der gleichen Einſperrung
alles Erwerbes in den Zunftkäfig, naiver Weiſe in demſelben
Augenblick angerathen, da man gegen die auf- und abwogende
„Gleichmacherei“ der Freiheit proteſtirt hatte. Dennoch war der
Leipziger Laufbrief „modiſch überkleiſtert,“ d. h. in den Tugend-
mantel der liberalen Phraſe gehüllt. „Das Kleinbürgerthum kennt
keinen Kaſtengeiſt; nur Diejenigen, welche Anarchie wollen, können
den Handwerkerſtand als eine Kaſte verdächtigen.“ Sogar der
Freizügigkeit wird grundſätzlich von den Leipzigern zugeſtimmt, nur
mit der Klauſel, daß „in einzelnen zu benennenden größeren
Städten für die Geſammtinnung das Meiſterrecht gewonnen werden
und daß ein Meiſter nicht ohne Nachweis gehöriger Handwerks-
tüchtigkeit von Seiten der Ortsinnung ſeine Aufnahme würde erlangen können.“ „Auf’s Allerentſchiedenſte“ wird „gegen den
Modeartikel der Emancipation der Juden proteſtirt.“ Die Agitation wuchs ſchnell an unter Handwerkern und Arbeitern, welche
letztere zuſammen mit den Handwerksgeſellen bereits einerſeits gegen

Das Kapital, andererseits gegen die Excluſivität der Meiſterintereſſen in der Handwerker-Agitation Front machten. Volksverſammlungen, Erklärungen, Bittſchriften häuften ſich, voll blühenden Unſinns und ſtolzen Souveränetäts-Gefühles; die Weber des Wupperthales z. B. ſchenken dem Prinzen Friedrich Wilhelm „einen beſonderen Beweis ihres Vertrauens," indem ſie ſich mit dem „Antrag" auf Verwendung beim König an ihn wenden. Am 2. bis 6. Juni kam der Vorkongreß der deutſchen Handwerker in Hamburg zuſammen. Dieſe Verſammlung, welche anfangs keinen Gelehrten zulaſſen wollte, „weil die praktiſchen Kenntniſſe der Arbeiter hinreichend zu eigener Berathung ihrer Intereſſen ſeien," nahm bald Profeſſor Winkelbleh's (unter dem Schriftſtellernamen Carl Marlo bekannt) Antrag auf ein „ſociales Parlament neben dem politiſchen" an, theilte „allgemein die Anſicht, daß Gewerbefreiheit ein Unglück wäre;" bereits wurden Anträge auf Beibehaltung der „Bannmeile," auf ausſchließliche Befugniß der Städte zum Gewerbebetrieb, Auf- hebung des Hauſirhandels und der kaufmänniſchen Reiſenden, „dieſer modernen Hauſirer," geſtellt und gebilligt. Ein Redner aus Berlin klagte die Gewerbefreiheit gar der Revolution in Berlin an, ſie habe „dem guten König dieſes Leid gethan." Schließlich wurde als Verſammlungsort des Haupt-Handwerker-Kongreſſes Frankfurt beſtimmt damit — wie ein Antragſteller ſich ausdrückte — „das dortige politiſche Parlament ſich überzeuge, daß man im Handwerkerſtand nur Durchdachtes und Gerechtes fordere.

Vernehmen wir dieſe „durchdachten und gerechten" Forderungen! „Das Handwerkerparlament kam in Frankfurt zuſammen und för- derte in dreißig vom 15. Juli bis 18. Auguſt gehaltenen, meiſt „ſtürmiſchen" Sitzungen den Entwurf einer Gewerbeordnung für Deutſchland zu Tage. In deſſen Vorwort wird „ein feierlicher von Millionen Unglücklicher beſiegelter Proteſt ausgerufen gegen die Gewerbefreiheit." Alsdann wird in Tit. I. das Princip all- gemeiner Corporationszwangs ausgeſprochen und in den folgenden Titeln näher präciſirt. Die Innungen ſollten ſich in Gewerbe- kammern u. ſ. w. aufgliedern bis zu einer, „allgemeinen deutſchen Gewerbekammer," welche gleichzeitig mit dem deutſchen Parlament und an deſſen Sitz ſich zu verſammeln hätte. Von anderer Seite

wurde aufgefordert, daß das Gewerbeparlament, „um aus der Ab=
hängigkeit von den gelehrten Ständen herauszukommen," jährlich
ein Arbeits= und Handwerksministerium ernenne. In genanntem
Entwurf selbst aber wird diktirt: „Sollte in der Nationalver=
sammlung die Errichtung einer allgemein industriellen (nicht bloß
handwerklichen) Kammer beschlossen werden, so würden die Hand=
werke und technischen Gewerbe durch drei Fünftel der sämmtlichen
Abgeordneten zu vertreten sein." In den Detailbestimmungen
über den Inhalt des Innungszwanges und die allgemein deutsche
Handwerksordnung stipuliren sich die von „der Frühlingluft des
Völkerfrühlings" zusammengeführten Versammelten folgende be=
scheidene Handwerks= und Meisterprivilegien: Eventuelle Be=
schränkung der Zahl der Meister an Einem Ort, Verbot des
Hausirhandels, Verbot der Association mit Nichtinnungsgenossen,
Zugehörigkeit aller Handwerksarbeit der Fabriken an die zünftigen
Meister des Orts, Beschränkung auf ein Gewerbe, Zuscheidung des
Kleinhandels mit Handwerkswaaren an die Innungsmeister, für
die Regel ausschließliche Berechtigung der Städte zum Gewerbetrieb,
Unzulässigkeit von Gemeinde=, Staats= und Aktienwerkstätten, Ver=
bot des Zuschlages der öffentlichen Arbeiten an den Mindestfor=
dernden und Vertheilung derselben an die Meister durch den von
diesen besetzten Gewerberath, Verbot öffentlicher Versteigerung noch
neuer Waaren, Verbot der Haltung von mehr als zwei Lehrlingen
endlich zur Krönung dieser Forderungen: Besteuerung der Fabriken
zu Gunsten des Handwerkerstandes, „damit der Nationalwohlstand
wieder nach allen Seiten hinfließe," Verpflichtung des Staats,
Arbeit zu geben, eine „Geschäftsgrenze" für die Fabriken und für
den Handel mit Fabrikaten, gegen welche nicht weniger als zwei=
hundert Anträge gestellt waren, „da — wie von einem der An=
tragsteller motivirt wurde — es sich hier darum handle, den vielfach
zerrissenen Faden des Handwerkerstandes wieder anzuknüpfen, und
da, wenn das Unwesen des Handels so fortgehe, auch in Deutsch=
land der Proletarier gezwungen werde, das Gesetz mit Füßen zu
treten." Gleichmäßiger Lehrzwang, Wanderzwang, Zwang zur
Erstehung einer „theoretischen und einer praktischen," natürlich von
der Innung beeinflußten Prüfung für alle Gewerbtreibenden als

Bedingung der Ausübung des Meisterrechts fehlten auf dieser selbstfabricirten „**Magna Charta des Handwerkerstandes**" nicht. Nach Formulirung dieser und ähnlicher Forderungen, zu mehrerer Ehre der eingebrochenen Freiheit und Gleichberechtigung, entließ der Präsident die Congreßmitglieder mit der Worten: „Wohl werden uns Spekulation und Schacher mit allen Kräften entgegen arbeiten; denn es gilt ja die Vernichtung ihrer Herrschaft über den Fleiß. Der deutsche Handwerker ist mündig; er wird nie mehr ein Sclaven= joch der Geldmacht dulden." Und, heißt es in den Protocollen, „die Versammelten trennten sich mit dem durch deutschen Hand= schlag bekräftigenden Gelübde, das große Werk unermüdlich zu fördern."

Inzwischen war schon das Schisma zwischen dem Handwerker= kongreß einerseits und den Gesellen und den Arbeitern andererseits ausgebrochen gewesen. Es tagte ein eigener Arbeiterkongreß vom Juli bis September und commentirte in seiner Weise den Entwurf des Handwerkerkongresses behufs einer Gewerbeordnung. Daß dabei das Gesellen und Arbeiterinteresse auch nicht zu kurz gekom= men, läßt sich denken. Doch sehen wir sie neben der socialen Frage vorzüglich damit beschäftigt, einen großen deutschen Arbeiter= bund mit 26 Bezirkshauptstädten durch ganz Deutschland zu orga= nisiren, sofort aber eine allgemeine Arbeiterkokarde und ein Arbeiter= banner einzuführen: in einem Aufruf für das letztere entwickeln sie, daß sie weder Monopolisten (Aristokraten und Zünftler), noch Liberale, noch Communisten, sondern Förderalisten seien, social= philosophische Unterscheidungen welche sichtlich aus einem bekannten System der Weltökonomie (C. Marlo) übertragen waren. Als Förderalisten wollen sie grün für ihr Banner, kein „communistisches Roth," kein „liberales Weiß," kein „monopolistisches Schwarz." In der Adresse an's Parlament sah man sie praktisch genug fordern: ein „sociales Parlament," ein vom socialen Parlament alljährlich ernanntes „sociales Ministerium," ein großes, den socialen Mini= sterium unterstehendes Banksystem u. s. w.

Das Maß der separatischen Standesbestrebungen der Erwerbs= stände machte aber der Schneiderkongreß voll, welcher am 20. Juli in Frankfurt zusammengetreten war, und „nach erfolgter gegensei=

tiger Begrüßung der anwesenden „„Collegen"" die Aufhebung der
öffentlichen Kleidermagazine beschloß, und unter Anderem die An-
ficht „allgemein theilte," daß die Forderungen der Schneider ein
Vorzugsrecht erhalten müssen, „da ihre Waaren so gut als die
„des Apothekers zu den unentbehrlichen gehören." Für nothwendig
erflärt wurde ferner: ein Verbot auswärtiger Kleidereinfuhr und
Beschränkung der Arbeit der „Frauenzimmer" — der Antrag: in
den Protocollen den alten ehrlichen Namen „Schneidermeister"
statt „Kleidermacher" zu setzen, wurde, beiläufig bemerkt, sachte
ignorirt —; daß die „Mantille" nicht „Galanterie," sondern
„Damenkleidermacherarbeit" sei, kam länger zur Debatte. Entschieden
erflärte man sich auf diesem Kongresse gegen die Gewerbefreiheit.

Das Parlament hätte sich über alle diese Sonderbestrebungen
hinwegsetzen können, obwohl Viele von den Abgeordneten der verschiedenen Kongresse von ihren Committenten Vollmacht in der
Tasche trugen, „sich mit dem deutschen Parlament in Verbindung
zu setzen. Allein abgesehen davon, daß einige der populärsten
Wortführer im Parlament selbst in das unsinnige Gerede von
draußen bei Gelegenheit der Berathung der Grundrechte (§. 1—3)
einstimmten, so gelangte nun noch eine förmliche Sündfluth von
Petitionen in Bezug auf eine deutsche Gewerbeordnung beim Parlamente ein, welche die bei Berathung der ersten Grundrechts-
paragraphen in Aussicht genommene Abfassung eines deutschen
Gewerbe- und Heimathgesetzes als unzeitgemäß erscheinen lassen
mußten. Die im Handwerkerparlament wiederholt ausgesprochene
Drohung, „man werde einen Petitionssturm gegen die Gewerbefreiheit organisiren," und das beim Auseinandergehen gegenseitig „durch deutschen Handschlag bekräftigte Gelübde, das be-
gonnene Werk zu fördern," waren rasch ins Werk gesetzt worden.
Als der volkswirthschaftliche Ausschuß der Nationalversammlung am
26. Februar 1849 den Entwurf einer Gewerbeordnung für Deutschland vorlegte, waren mehr als fünfhundert und zwanzig Petitionen
eingegangen, davon viele mit Hunderten von Namen und von
ganzen Kreisen unterschrieben, welche ein Chaos, von Wünschen
und Beschwerden enthielten, und abgesehen von den pfälzischen
und rheinhessischen Massenbittschriften für Gewerbefreiheit mit ent-

schiedenem Uebergewichte gegen dieselbe und für Zunftprivilegien und Zunftorganisation sich aussprachen. Durch sehr viele dieser Petitionen klang die höfliche Bemerkung einer derselben hindurch: „die Mitglieder der Reichsversammlung seien Männer der Feder und der Wissenschaft, die sich der alten Regierungsfünde der Bevormundung und der alleinigen Erbweisheit schuldig machen würden, wenn sie, ohne den Rath der Betheiligten zu hören, eine Gewerbeordnung berathen und erlassen wollten." Andererseits drohten die Pfälzer: „Keine Gewaltherrschaft habe die Institution der Gewerbefreiheit der Pfalz zu entreißen vermocht, ein vom Ministerium Abel gemachter Versuch sei muthig abgeschlagen worden; einem von der Reichsversammlung ausgehender Versuch, die Gewerbefreiheit aufzuheben, würde sich die ganze Pfalz widersetzen wie Ein Mann." Inzwischen hatte sich auch gegen das Grundrecht der Freizügigkeit eine bedenkliche Stimmung in vielen Gemeinden erhoben. Mittermaier hatte bei Berathung der Grundrechte in Betreff einer unbesonnenen Erschließung der Gemeinden mit Nutzungen gesagt: wir haben Gemeinden in Baden, wo jeder Bürger 280 Gulden Bürgergenuß erhält; todtgeschlagen würden wir, wenn wir nach Hause kämen mit einem Gesetze, wonach ein jeder Deutscher das Recht hätte, an einem solchen Genuß in jeder Gemeinde ohne weiteres Antheil zu nehmen." Die Absicht wurde zwar immer von der Nationalversammlung widerlegt und auch in dem Entwurfe eines Heimathgesetzes wurden die Gemeindenutzungen gegen die Wirkungen der Freizügigkeit hinreichend sicher gestellt. Dessen ungeachtet herrschte in vielen Gemeinden die entschiedenste separatistische Mißgunst, Mittermaiers Befürchtung hatte sich erfüllt. Auch der Entwurf eines Heimathgesetzes für Deutschland mußte zurückgestellt werden.

Wir haben im Vorstehenden auf die frühere Geschichte der hier wieder aufgenommenen Probleme aus mehreren Gründen etwas näher eingehen zu sollen geglaubt.

Erstens kann man, so glauben wir, einen großen Trost aus einer Vergleichung von Jetzt und von „Vor zehn Jahren" schöpfen. Die volkswirthschaftliche Bildung ist in diesem Jahrzent in die weitesten, glücklicherweise auch in die gewerblichen Kreise vorgedrungen. Dieser Unsinn, solche gemüthliche Anarchie würde sicher, selbst wenn ein neuer Volksrausch neuen Spielraum zu solchen Agitationen gewähren würde, nimmer zu Tag kommen und jeden= falls nicht mehr einem so geringen Widerstande begegnen; das Maß praktischer staatsmännischer Einsicht ist in kurzer Zeit größer und allgemeiner geworden. Stellt man z. B. neben die Erscheinung der privilegirtsüchtigen Zünftlerkongresse des Jahres 1848 die ver= schiedenen freien Gewerbe=Vereins=Versammlungen von 1858, welche für Gewerbefreiheit ihr Votum abgegeben, so sollte man kaum glauben, daß dieser Umschlag in der kurzen Spanne Zeit erfolgen konnte.

Wir haben aber auf die Agitation des Jahres 1848 aus einem weiteren Grunde genauer verwiesen. Es gibt keine schlagendere Beweisführung zu Gunsten der Gewerbefreiheit, als eben die Ge= schichte jener Bewegung. Wir möchten alle Staatsmänner, deren Urtheil in Betreff der Gewerbefreiheit und in Betreff der Noth= wendigkeit einer deutschen Gewerbeordnung nach dem Grundsatz der Gewerbefreiheit noch strauchelt, bitten die Protokolle jener Hand= werkerkongresse und den Petitionsbericht der volkswirthschaftlichen Commission der Nationalversammlung über die oben erwähnten Bitt= schriften ruhigen Blutes nachzulesen. Die Nacktheit des Eigennutzes der Anhänger der Erwerbsbeschränkungen muß, so wie sie in den Kongressen und den Bittschriften sich zeigte, überzeugender für die Freigebung aller sittlichen Erwerbsarten wirken, als die glühendste theoretische Vertheidigung der Gewerbefreiheit.

Das Sündenregister einer damals fast populären ökonomischen Ignoranz hätte ich noch auf viele Seiten ausdehnen können, allein ich will mich lieber der entgegengesetzten Seite zuwenden.

Der nachhaltigste Widerspruch gegen die Bestrebungen des Frankfurter und anderer Handwerker=Congresse ging von den Ge= sellen und Arbeitern, sodann von der gewerbefreien Pfalz, wie ich das in meinem Bericht über die Gewerbefrage bereits ausführlich mitgetheilt habe, aus. Hierzu müssen wir noch einige Landmeister, weiter blickende Gewerbtreibende und eine große Anzahl Kaufleute in verschiedenen Theilen Deutschlands zählen.

Der Frankfurter Meister-Kongreß hatte den Gesellen den Zutritt zu seinen Berathungen versagt, später jedoch einige Gesellen mit berathender Stimme zugelassen. Durch dieses halbe Zugeständniß nicht befriedigt, trennten sich die Gesellen von den Meistern, bildeten einen eigenen Gesellen-Kongreß und überreichten der National-Versammlung einen Entwurf sowie später eine ausführliche Kritik des Kongresses der Meister, welche letztere behauptet hatten, „daß nur der selbstständige Gewerbebetrieb auf eigene Gefahr und Rechnung die nöthigen Erklärungen zur Beantwortung der einschlägigen Fragen gewähren." Dagegen beklagen sich nun die Gesellen, vorzugsweise aus den Gegenden mit älteren Zunft-Einrichtungen, über die anmaßliche Bevormundung der Meister. Rechtslos hätten sie den Meistern gegenüber gestanden, ihr (der Meister) Eigennuß, fahren sie fort, läßt sie so alle Klugheit vergessen, daß sie es wagen, uns für unmündig zu erklären, uns, die wir die Jugend, also auch die Kraft für uns haben, uns, die wir Arbeitende, also die eigentlichen Producenten, deshalb der Kern Deutschlands sind, uns, die wir die große Ueberzahl bilden, und wissen, daß wir sie bilden.

Nur das Interesse der zünftigen Meister sei durch den Frankfurter Kongreß verteten, während die Gesellen doch auch auf Erleichterung in Erreichung ihrer Unabhängigkeit und Selbstständigkeit Anspruch haben könnten. Da ich nur speciell Kurhessen dermalen im Auge haben kann, so wird man nicht erwarten, eine Aufzählung aller der Petitionen hier zu erblicken, die aus Deutschland gegen das Streben dieses Kongresses einliefen. In der Pfalz war, wie schon bemerkt, die Agitation für Gewerbefreiheit am heftigsten. Die National-Versammlung beschloß in ihrer vierundvierzigsten Sitzung, einem Ausschuß den Auftrag zu ertheilen, bis zur zweiten Berathung über die Grundrechte des deutschen Volkes den Entwurf eines Heimathsgesetzes und einer Gewerbeordnung vorzulegen. In Bezug auf das Heimathsgesetz hatte der Ausschuß sich zeitig seines Auftrages erledigt, dagegen stieß die Erlassung einer Gewerbeordnung als Reichsgesetz bei der großen Verschiedenheit im Gewerbewesen der einzelnen deutschen Staaten, ja einzelner Provinzen derselben Staaten auf große Schwierigkeiten. Jedoch hat dieser Ausschuß schätzbares Material zur Beurtheilung der gewerblichen Zustände gesammelt. Am bündigsten wurde auch das Verlangen nach einem socialen Parlament abgefertigt. „Soll eine Heilung von krankhaften Zuständen versucht werden, dann muß der Leidende gehört werden; er muß die Symptome der Krankheit, seine Ansicht über die Entstehung derselben angeben, — aber die Mittel anzugeben, dazu ist nicht der Kranke selbst berufen." — Die Zünfte zu Kassel waren freilich anderer Ansicht, denn auch sie hatten bereits unter'm 19. Mai 1848 das folgende Schreiben an den Abgeordneten des Kreises Kassel im deutschen Parlament, Obergerichts-Anwalt Schwarzenberg, erlassen:

„Das Vertrauen der Bewohner des Kreises Kassel hat Sie zu ihrem Vertreter in dem deutschen Parlamente zu Frankfurt a. M. berufen, um an den hochwichtigen Arbeiten einer Verfassung für Deutschland Theil zu nehmen.

Eine große und inhaltsschwere Aufgabe wird es sein, dabei die wahren Interessen des deutschen Handwerker- und Gewerbe- standes, des Grundpfeilers der öffentlichen Ordnung und allge- meinen Wohlfahrt, den Bedürfnissen der Zeit angemessen, überall wahrhaft richtig zu erkennen und zu würdigen. — Um zum wirk- lichen Bestand des deutschen Vaterlandes diese so sehr wichtige Aufgabe theoretisch und praktisch zu lösen, ist es unerläßlich nöthig, daß dazu aus dem Handwerkerstande selbst, da nur er allein seine wahren Interessen durch langjährige Erfahrungen richtig zu beur- theilen und die Mittel zur gründlichen Abhülfe seines Verfalls anzugeben vermag, tüchtige Männer gewählt oder doch ihre An- sichten gehört werden. Nach den uns bekannt gewordenen Wahlen befindet sich aber im deutschen Parlamente nur ein Handwerker, der Handwerkerstand ist also in keiner Weise bei der so wichtigen Frage über sein wahres Wohl gehörig vertreten und wir befürchten, daß dasselbe auch beim besten Willen der gelehrtesten und edelsten Männer wegen Mangels an praktischen Kenntnissen und Erfahrungen im Handwerkerstand, hinreichend erkannt werden dürfte, und deshalb halten wir es für eine heilige Pflicht, Sie dringend zu ersuchen: beim deutschen Parlamente zu beantragen: daß bei den, den Hand- werkerstand betreffenden Fragen dieser selbst durch Berufung von

Handwerkern oder Einziehung ihrer deshalbigen Ansichten und Wünsche gehört werde."

Während man auf solche Weise in Frankfurt fast bis zur Rathlosigkeit durch das Getriebe der Gewerbtreibenden selbst gekommen war, läßt es sich leicht denken, daß von Seiten der Zünfte in Kurhessen Alles aufgeboten ward, um in jeder Beziehung dem Ministerium Fesseln anzulegen, damit ja nicht irgend ein vermeintliches Recht derselben gefährdet werde.

Von diesem Standpunkte aus muß man denn die Gesetzgebung des Jahres 1848 beurtheilen. Während in allen Zweigen der Verwaltung und der Rechtspflege sie unverkennbare Vortheile zeigt, trägt ein jeder Schritt, welcher nur annäherungsweise das Gewerbegebiet berührt, das Gepräge der Aengstlichkeit an der Stirn, den status quo zu erhalten; so das Gesetz vom 29. Oktober 1848, die Polizei- und Zunftgerichtsbarkeit betreffend, §. 5., das Gesetz vom 31. Oktober 1848, die Einrichtung der Gerichte und Staatsbehörden betreffend, §. 2., und das Gesetz von demselben Tag, die Bildung neuer Verwaltungsbezirke und die Einführung von Bezirksräthen betreffend, §. 36. In den politischen Vereinen wurde daneben mit Argusaugen auf die geringste Bewegung gewacht, ja man ging so weit, daß ein politischer Verein, der Verein für Volksrechte, die Einberufung eines sozialen Parlaments in der Gestalt von Abgeordneten des Gewerbe- und Handelsstandes beantragte und durch Ausschreiben vom 31. Juli 1849 die übrigen Vereine zum Beitritte aufforderte, welches Bestreben an dem entschiedenen Widerspruche des Bürgervereins, beziehungsweise des Gutachtens seines gewerblichen Ausschusses scheiterte, indem derselbe darin sagte: „Der Ausschuß theilt vollkommen den Wunsch, daß die nach der Verordnung vom 22. Dezbr. 1848 zu bildenden Vereine für Handel und Gewerbe recht bald ins Leben treten mögen und erkennt es als sehr verdienstlich, daß für diesen Zweck in geeigneter Weise gewirkt werde; ebenso stimmt er mit der in dem Schreiben des Vereins für Volksrechte vom 31. ausgesprochenen Grundsatze, daß bei der Förderung der gewerblichen Interessen die politischen Partei-Ansichten verschwinden, und die Kräfte ohne Rücksicht auf solche gesammelt werden müssen, so vollkommen überein, daß seiner Ansicht nach die Aufnahme dieser wichtigen Angelegenheit nur von Seiten einer lediglich zu diesem Zwecke aus Gewerbtreibenden und sonstigen Sachverständigen hier zusammengetretenen Gesellschaft und nicht von Seite eines politischen Vereins — was der Verein für Volksrechte ist — wünschenswerth gewesen wäre, um jede politische Färbung von vornherein zu vermeiden; er erblickt aber in dem vom Verein für Volksrechte in der Kasselschen allgemeinen Zeitung vom 30. v. M. bekannt gemachten, der Verhandlung zum Grunde zu legenden Plane zur Bildung der Vereine und in dessen Motivirung, namentlich auch in der dem gewählten Landesvereine zugedachten constituirenden Gewalt, sowie in der im oben angezogenen Schreiben an den Bürgerverein erklärten Beschränkung des Rechts der Abstimmung in der abzuhaltenden Versammlung lediglich auf Gewerbtreibende, eine besondere staatliche Repräsentation des Standes der Handel- und Gewerbtreibenden, sowie des Arbeiterstandes des ganzen Landes (die an ein s. g. soziales Parlament erinnern könnte), welches in der gedachten Verordnung offenbar nicht bezweckt und auch wohl von dem Vereine für Volksrechte nicht beabsichtigt gewesen ist; er erblickt ferner in einem Plane, nach welchem die ganze Wirksamkeit der Vereine für Handel und Gewerbe lediglich in die Hände einer Anzahl von Repräsentanten, die aus den so vielen Zufälligkeiten ausgesetzten Wahl-Urnen, großer Massen hervorgehen sollten, eine, in der Verordnung vom 22. Dezember 1848 gewiß nicht beabsichtigte Beschränkung der persönlichen Thätigkeit in den Vereinen von Seiten eines jeden, den Beruf dazu in sich fühlenden Staatsbürgers, vielmehr will der Ausschuß des Bürgervereins die Berechtigung zur persönlichen Theilnahme an der Thätigkeit jener Vereine zur Beförderung von Handel und Gewerbe des Landes einem jeden Gewerbtreibenden und Sachkundigen durch die Organisation dieser Vereine ausdrücklich vorbehalten wissen, welches Recht nur durch den freiwilligen Beitritt zu diesen Vereinen als wirkliches Mitglied gesichert werden kann, worauf auch solche Vereine allenthalben in anderen Ländern gegründet sind; er erinnert endlich nach Ansicht des Gesetzes vom 31. Oktober und der Verordnung vom 22. Dezbr. 1848 daran, daß die zu bildenden Vereine für Handel und Gewerbe, wenn sie Beihülfe des Staats in Anspruch nehmen wollen, sich an die Bezirks-Directionen, beziehungsweise Bezirksräthe anlehnen müssen, und zur gedeihlichen Entwickelnng der Mitwirkung der im §. 1. der letztgenannten Verordnung angekündigten Central-Kammission für landwirthschaftliche Gewerbs- und Handels-Angelegenheiten bedürfen, daß also eine Organisation der Vertretung von Handel und Gewerbe durch das ganze Land, wie sie nach dem Plane vorschwebt, und zur Annahme in öffentlicher Versammlung beabsichtigt scheint, denjenigen Verhandlungen vorgreift, welche mit der Regierung werden gepflogen werden müssen, um der Genehmigung sicher zu sein, bevor der Plan zum Beitritt verkündigt und auf Erfolg gerechnet werden kann.

Der Ausschuß erklärt schließlich, daß die Tüchtigkeit und die erfolgreiche Wirksamkeit der Handels- und Gewerbsvereine nicht durch die Masse der Stimmen, sondern nur durch die Sachkenntniß und lebhafte Theilnahme verbürgt wird, deren Ansammlung durch den freiwilligen Beitritt am sichersten zu erreichen steht; daß die Bildung von Vereinen für Handel und Gewerbe vorhanden sind, daß also nicht alle Theile des Landes, sondern nur gewisse Distrikte oder Orte zur Errichtung solcher Vereine geeignet sind; endlich daß, wenn man etwa die, mit der Errichtung der Vereine für Handel und Gewerbe von Seite der Regierung ohne Zweifel jetzt nicht bezweckte Lösung der Aufgabe der politischen Ordnung des Gewerbebetriebes, in die Hände nehmen wollte, dies zur Zeit vergeblich sein würde, weil die politische Gestaltung Deutschlands vorausgehen muß."

Auf solche Weise hielt man krampfhaft das Alte fest und wollte in Beziehung auf die Gewerbe und ihre Verhältnisse auch keinen Buchstaben aufgeben, obgleich ein jeder Vernünftige seine Unhaltbarkeit einräumen mußte. Aber die Angst vor dem drohenden Gespenst des Communismus hatte die besitzende Klasse dergestalt ergriffen, daß bei dem bloßen Gedanken an dasselbe schon der kalte Schweiß vor die Stirne trat. Zur besitzenden Klasse zählt sich aber in Deutschland ein jeder Familienvater, der noch einen Sonntagsrock und ein Bett hat, und in diese war ein solcher panischer Schrecken gefahren, daß sie sich bei allen Gelegenheiten, wo auch nur annähernd von der Lösung der socialen Frage die Rede sein konnte, sich zurückzog, das Feld räumte und nur in rein politischen Fragen, als der Bildung einer Central-Gewalt für Deutschland, welcher die Fürsten sich unterordnen sollten, dem deutschen Parlament als dem Ausfluß der Volkssouveränetät, der Aufhebung der Standesvorrechte des Adels 2c. sich betheiligt, sich aber selbst an die besitzenden Vorrechte anklammerte. So war man glücklich bis über die Mitte des Jahres 1849 gelangt, ohne daß eine Lösung der socialen Frage eingetreten war. Eine Theilung des Vermögens hatte auch nicht stattgefunden, als mit einem Male eine Aufregung und Beweglichkeit unter den Zünften entstand, die einer besseren Sache werth gewesen wäre. Eine außerordentliche Volksversammlung wurde angesagt, in den politischen Vereinen General-Versammlungen zur Berathung eines sehr wichtigen Gegenstandes anberaumt und die Mitglieder zur zahlreichen Betheiligung aufgefordert. Es hatte ein Landmeister sich Eingriffe in die bisher unangefochtenen Rechte der Bauhandwerks-Meister der Residenz erlaubt und die dagegen erhobene Beschwerde der Zimmerzunft-Meister war durch eine Entscheidung des Oberzunft-Amts, welche durch den Bezirks-Ausschuß bestätigt worden war, zurückgewiesen worden. Man sah im Geiste in allen benachbarten Dörfern nun schon Bauhandwerker sich etabliren, welche die ganze Arbeit an sich ziehen. Diese Versammlungen waren die stürmischsten mit, welche wir in den damaligen Zeiten hatten und trotzdem sie zur Zeit der Messe abgehalten wurden, außerordentlich zahlreich besucht. Der bis dahin im Finstern schleichenden Reaction waren sie willkommen, denn es ward hier gegen ein erst vor Kurzem in's Leben gerufenes Institut, das aus der freien Wahl des Volks hervorgegangen war, welches die Stelle der Provinzial-Regierung vertreten sollte, den Bezirks-Ausschuß Sturm gelaufen und das eben erst wieder aus der Krisis hervorgegangene Ministerium Eberhard,

erhielt durch seine eigenen Freunde dadurch einen fürchterlichen
Stoß, da die heftigste Debatte im Bürgerverein am 19. August 1849
stattfand, wo man nach langer Discussion beschloß, dem gewerblichen Ausschuß fünf Fragen zur Begutachtung vorzulegen, mit der
ausdrücklichen Weisung, sich selbst erst durch Hinzuziehung einiger
Zunftmeister zu verstärken.

Die aufgeworfene Frage: Dürfen die Landmeister in den
Städten Arbeiten vornehmen? ward in einem weitläufigen Gutachten verneint; und über die andere Frage: ob auf eine Revision
der Zunftordnung anzutragen sei? ist der gewerbliche Ausschuß der
Ansicht, daß eine solche Revision wegen mancher in der Zunftordnung enthaltenen Unklarheiten und um die Einschnitte in den
Geist dieser Ordnung, welche durch die bei der ersten Frage angezogenen Regierungs- und Ministerial-Ausschreiben, vielleicht auch
durch in den Acten befindlichen Interpretationen, entstanden sind,
zu heilen, sowie um neue angemessene Bestimmungen hineinzutragen,
zwar wünschenswerth wäre, daß jedoch der Zeitpunkt dazu nicht
geeignet sei, weil vor Allem erst feststehen müsse: ob in Zukunft
jedes einzelne deutsche Land seine besonderen Gewerbe-Ordnungen
zu machen habe, oder ob eine Gewerbe-Ordnung für einen Complex
von deutschen Staaten oder für alle geschaffen wird.

Für jetzt möchte sich auf die Bitte bei dem Ministerium des
Innern zu beschränken sein, dahin wirken zu wollen, daß die Zunft-
Ordnung vom 5. März 1816 in ihrem unverkennbaren Geiste auf-
gefaßt und gehandhabt werde, daß also alle diesem Geiste zuwider-
laufenden administrativen Verfügungen außer Anwendung gesetzt
werden mögen.

Der „demokratische Verein" hatte ebenwohl sich in seinen
Versammlungen mit der Erörterung dieses Gegenstandes befaßt und
war zu dem Beschlusse gekommen, den Bestrebungen der Meister
dadurch ein Gegengewicht zu bilden, daß man eine Coalition der
Arbeiter nach französischem Muster in's Leben rufe, und hatte mit
der Ausarbeitung eines betreffenden Statuts einen Ausschuß be-
auftragt. Dieses Schreckbild kam auch in dieser Generalversammlung
des Bürgervereins zur Sprache und deshalb ward auch seinem
gewerblichen Ausschuß die dritte Frage zur Beantwortung vorgelegt:

*

„ob die Bestimmungen des französischen Rechts über Coalitionen der Arbeiter, bei uns, wenn auch mit Modificationen eingeführt werden können?" Der Ausschuß erledigte sich seiner Aufgabe ganz kurz dadurch, daß er ohne die betreffenden Strafbestimmungen an-zuführen besonders hervorhob: „daß die bezüglichen Bestimmungen der Zunftordnung und der übrigen hessischen Gesetze fürerst noch genügen möchten." Es war dies ein Fingerzeig für den demo-kratisch-socialen Verein und die Coalition der Arbeiter blieb in den Akten ruhen.

Neben all diesem ward aber auch den Zünften der Vorwurf gemacht, daß sie zur Fortbildung in ihrem Gewerbe keine Schritte gethan hätten und in mancher Beziehung gegen das Ausland zurück-geblieben wären. Das konnte nicht geleugnet werden und es kam daher aus ihrer Mitte der Antrag: dahin Vorkehrungen zu treffen, daß im Laufe des Winters Vorträge über Technologie im Bürger-verein gehalten würden. Diese Zusage erfolgte, jedoch ist sie nie-mals zur Ausführung gekommen. Die Erbitterung über diese Vor-gänge zwischen den politischen Vereinen hatte damals einen hohen Grad erreicht. Die Zünfte stützten sich auf ihr angebliches Recht, während die Arbeiter-Vereine und der demokratisch-sociale Verein, welcher die Gesellen und Arbeiter und auch mehrere selbstständige Gewerbtreibende unter sich zählte, hauptsächlich geltend machten, daß dem Gesellen- und Arbeiterstand alle Zukunft abgeschnitten und sie durch die bestehenden Einrichtungen nur demoralisirt würden. Mit wenigen Ausnahmen wäre ihnen ein jeglicher Weg versperrt oder erschwert, einen eigenen Heerd zu gründen. Auf der andern Seite dagegen hielten die Zünfte ihnen ihre eigene Noth, Mangel an Lebensunterhalt vor, und daß sie selbst nur nothgedrungen sich ihrer Haut wehrten, um der Concurrenz zu entgehen. Diese Streit-fragen hatten die Gemüther der Art erhitzt, daß man sogar Störun-gen oder Insulten gegen das Lokal des Bürgervereins befürchtete.

Um eine Beruhigung eintreten zu lassen und zu zeigen, daß für den Gewerbestand in der Richtung etwas schleunigst geschehen müsse, wodurch die Gründung eines eigenen Heerdes erleichtert werde, begründete der Abgeordnete Hahndorf in der Ständever-sammlung in der Sitzung vom 23. November 1849 einen selbstständigen Antrag: die Beschaffung eines Unterstützungsfonds für arme, würdige und tüchtige (Arbeiter) Handwerker betreffend: dahin gehend:

1) es soll ein Fond gegründet werden, wodurch armen Handwerkern, zur ersten Einrichtung ihres Gewerbetriebs eine Unterstützung gegeben wird.

Für die laufende Finanzperiode sollen versuchsweise jährlich 15,000 Thlr. bewilligt und auf die Bezirke vertheilt werden;

2) diese Unterstützung wird nur den Gesellen zu Theil, welche das 25. Lebensjahr zurückgelegt haben und ihre Würdigkeit und Tüchtigkeit nachweisen;

3) die Tüchtigkeit wird durch das Meisterstück bewiesen, über die Würdigkeit entscheidet ein aus Gesellen gebildetes Geschworengericht.

Die übrigen Bestimmungen betreffen die Ausführung dieses Antrags. Die Ständeversammlung beschloß diesen Antrag in Erwägung zu ziehen und denselben einem in der nächsten Sitzung zu wählenden, aus 7 Mitgliedern bestehenden Ausschuß, für Landwirthschaft, Handel und Gewerbe zu überweisen. Die Wahl dieses Ausschusses fand in der geheimen Sitzung am 5. Dezember 1849 statt und es wurden in demselben gewählt: die Abgeordneten Brenner, Eisengarthen, Sunkel, Bax, Heimel, Nebelthau und Gundlach.

Dieser Vorfall in der Ständeversammlung kam den Zünften im höchsten Grade ungelegen und Namens derselben erfolgte eine Eingabe an die Stände, worin man das gefährliche der Durchführung eines solchen rein socialistischen Schrittes nachzuweisen versuchte. Die betreffende Denkschrift ward den Ständen in 50 Exemplaren übergeben.

Dieser Ausschuß hat nur einen Bericht, über eine Eingabe des Gewerbe-Vereins welcher um Einführung der in Frankfurt berathenen Gewerbeordnung bittet erstattet, mit dem Antrag: die Staatsregierung um baldige Ausführung der §§. 1 und 2 der Verordnung vom 22. Dezember 1848 sowie um möglichst zu beschleunigende Ausarbeitung des Entwurfs einer Gewerbeordnung zu ersuchen, welcher Antrag die Genehmigung der Ständeversammlung erhielt.

Außer eines Gesuchs der Schuhmacherzunft zu Caſſel die Vertheilung der Militairarbeiten betreffend und eines ſolchen der Bäckergilde daſelbſt wegen Aufhebung der Taxordnung vom 30. Juni 1622 kam nichts bemerkenswerthes vor, da durch den Eintritt des Miniſteriums Haſſenpflug andere Gegenſtände auf die Tagesordnung kamen, wodurch man dieſe Streitfragen ruhen ließ und alle politiſchen Parteibeſtrebungen aufhörten.

Durch die Verfaſſung vom 13. April 1852 §. 47 wurden die Zunft und Gildemeiſter, die Zunft und Gildegenoſſen zur Wahl der Mitglieder der zweiten Kammer beſonders berufen. Man glaubte ihnen dadurch wieder eine größere Ehre und Vortheil zuzuwenden und für dieſe Verfaſſung eine compakte Partei zu bilden, die ſich ein ſolches Recht nicht wieder nehmen ließ und ſich feſt an daſſelbe anklammern werde. Die Erfahrung hat das Gegentheil bewieſen. Wir haben auch nicht eine Stimme vernommen, die es beklagt hätte, als dieſe Bevorzugung durch die Verfaſſung vom 30. Mai 1860 wieder in Wegfall kam, trotzdem, daß man es nicht an Aufmunterungen hatte fehlen laſſen, das Standesbewußtſein wieder zu wecken.

Am ſchroffſten trat dieſes Verhältniß hervor, als der Hanauer Handels und GewerbeVerein in einer Eingabe vom 8. Februar 1858 die dringende Bitte an die Kurfürſtliche Regierung richtete, die beſtehende Zunfteinrichtung für die Stadt Hanau abzuändern. In dieſer an ſchlagenden Gründen gegen das Zunftweſen reichen Eingabe verweiſen ſie unter anderen auch auf die gewerbefreien Orte in Hanau's Nähe, mit den Worten: „in Kurheſſen iſt's Bockenheim welches ſich ſeit dem Erſcheinen unſerer Zunftverfaſſung empor geſchwungen hat und zwar nur deshalb, weil es von ihren Vorſchriften befreit war. Nach Artikel 5. der Großherzoglich Heſſiſchen Verordnung vom 27. Auguſt 1819 wird den Bewohnern Offenbach's vollkommene Gewerbefreiheit in jeder Hinſicht gewährt und ſeit dem erwuchſen aus den verſchiedenen Handwerken dieſer Stadt größere FabrikAnſtalten, da ſie aller Feſſeln entledigt, nach und nach ihre Geſchäfte immer mehr ausgedehnt und endlich ihren Abſatz auf dem großen Markte des Welthandels aufgeſucht hatten und hiermit ſtieg die Bevölkerung dieſer Stadt welche zur Zeit der

Erscheinung jener Verordnung gegen **6000** Seelen betragen hatte bis daher auf **15,000**. In ähnlichem Aufschwunge befindet sich der Gewerbebetrieb der Stadt Mainz, welche ebenwohl volle Ge=werbefreiheit genießt, dort sind die Vorzüge der freien Concurrenz in jüngster Zeit auch bei der Schiffahrt auf's glänzendste an den Tag getreten.

Früher war der dasige Schifferstand zünftig, seit die Zunft aufgehoben und die freie Concurrenz eingetreten ist, sind die Frachten von Jahr zu Jahr heruntergegangen, ist der Bau der Schiffe ver=bessert, es werden von jedem Schiffer 3 bis 4 mal so viel Reisen gemacht, als früher, und es wird hiermit das Betriebscapital eben=sovielmal mehr umgeschlagen, endlich haben Ordnung und Sicherheit in Transport seitdem auffallend zugenommen.

Das aller Fesseln befreite Gewerbswesen der beiden benach=barten Städte Mainz und Offenbach hat bereits das unserige überflügelt und bei der freien Concurrenz die wir mit ihnen zu bestehen haben, sind wir in der Gefahr, völlig zu unterliegen." „Hierauf erfolgte vom Kurfürstlichem Ministeriums des Innern der Bescheid: „daß die in der Zunftordnung vom 5. März 1816 für die modifizirte Wiederherstellung und Erhaltung der Zunftein=richtungen angeführten, aus der Erfahrung geschöpften Gründe eine zureichende Widerlegung nicht gefunden haben,"

„taß die Fortdauer der Zünfte in der Verfassung vom 13. April 1852 eine weitere grundgesetzliche Bürgschaft erhalten hat,"

„daß durch die Zunfteinrichtung das Entstehen und Aufblühen der Fabriken und andere für Gewerbbetrieb, Handel und Verkehr berechneten, größeren Etablissements, wo solche auf lebensfähigen Bedingungen beruhen, nicht gehindert ist oder wird,"

„daß dagegen ein heilsamer Schutz des städtischen Nahrungs=standes und des mittleren und niederen Bürgerstandes, einer der erhaltenen Stützen der Staatsordnung, in der Beibehaltung zünf=tiger Verbände und Corporationen gegeben ist, —"

„und deshalb auf eine Aufhebung oder Abänderung der Zunftverfassung zur Zeit einzugehenden abmahnendsten Bedenken unterliege."

Ich schließe diese Darstellung mit den Worten welche der

Ausschuß der deutschen National-Versammlung in seinem Berichte über die Gewerbefrage anführt:

„Jeder muß sich erkennen, nicht als Angehöriger eines Standes oder einer Gemeinde, sondern als Angehöriger des großen allgemeinen Verbandes des Staates. Der Stand der Producenten ist nicht um seinetwillen da, noch weniger sind die Consumenten um der Producenten Willen da, sondern alle vereint streben nach dem großen Ganzen, nach dem Wohle des gesammten Vereins und die Gesetzgebung hat die Interessen aller zu berücksichtigen."

„Um für diese verschiedenartigen Interessen das einigende Band zu finden, muß man auf das Princip des Rechts der Person, diese unverrückbare Grundlage eines freien Staates, zurückgehen. Es ist eine Forderung des natürlichen Rechts, daß Jedem gestattet werde, seine individuelle Geschicklichkeit zu seinem eigenen Vortheil, so viel er vermag, nutzbringend zu machen und sein Gewerbe nach eigener Neigung zu wählen; machen die Verhältnisse die Wahl einer anderen Berufsart nothwendig oder wünschenswerth, so darf der Uebergang zu einer andern Erwerbsart nicht erschwert werden.

„Die Furcht, daß der Einzelne, wenn ihm diese Freiheit verstattet wird, verarmen werde, ist unbegründet, denn das Streben eines Jeden geht dahin, etwas zu erwerben, einen Hausstand zu begründen, und wird ihm dieses erschwert oder gar unmöglich gemacht, dann hat der Strebende kein Interesse, daß der bestehende Zustand der Dinge bleibt: bei einer Umwälzung kann er sich nicht verschlechtern. Gegen Verarmung schützt die Beschränkung in der Wahl des Berufes nicht; dagegen zu schützen dienen die Vereine zur gegenseitigen Unterstützung, und diese möglichst zu fördern, ohne dadurch jedoch wie in den Zünften, der freien Bewegung Schranken zu setzen, das ist die Aufgabe der Gesetzgebung."

„Die Erfahrung zeigt es, daß durch die Freiheit in der Wahl des Berufes, der sittliche Zustand eines Volkes nicht verschlechtert wird, daß vielmehr der Wohlstand sich hebt und die Gewerbethätigkeit gefördert wird. Das wesentlich die Concurrenz das Letztere herbeiführt, ist nicht in Abrede zu stellen und gerade diese ist es die bei Gewerbefreiheit in höherem Grade stattfindet. Dieser Erfahrung widersprechen den vielen Klagen von Gewerbetreibenden nicht, weil diese aus allen Theilen Deutschland's ausgehen, und also in der Gewerbefreiheit nicht ihre Begründung finden können."

Zur Kritik der Beschlüsse des Frankfurter Handwerker-Congresses und der zahlreichen Petitionen, welche an die Reichsversammlung gelangt waren, bemerkt der Bericht:

„Nur zu oft begegnet man in diesen Aktenstücken der Meinung, es sei vorzugsweise in einem Zurückkehren zu früheren Zuständen, in einer Wiederherstellung ausschließlicher Gerechtigkeiten für die Handwerker ein Heilmittel zu finden für die krankhaften socialen Zustände unserer Zeit.

„Es ist nicht zu verkennen, unsere socialen Zustände verrathen, wenn auch nicht überall, doch an manchen Orten, bedenkliche Krankheitssymptome. Eine Hauptursache dieser Abnormitäten ist offenbar die ganze bisherige politische Lage Deutschlands, die Sonderstellung der einzelnen Stämme gegen einander, die große Verschiedenheit ihrer Gesetzgebungen der auf allen lastende Druck eines mehr oder weniger doktrinären, überall aber einseitigen Tendenzen huldigenden, büreaukratischen Regierungssystem's. — Alles dieses ließ kein vollkommen gesundes Volksleben und daher auch keine kräftige gewerbliche Entwickelung zu. Jenes System, Allem was „Verbindung" hieß grundsätzlich abhold, hinderte insbesondere die Arbeit, durch Association dem Capital gegenüber die ihr gebührende, geschütztere Stellung einzunehmen.

„Schon jetzt ist nur durch' die errungene politische Freiheit, durch die Entfesselung der Presse, durch das Vereinsrecht, auch dem gewerblichen Leben die Bahn geöffnet zur freiesten Entfaltung, eine Bahn, deren weitere Verfolgung durch die erstrebte und hoffentlich bald erreichte Einheit für alle Zeiten gesichert werden wird. Ihr nächstes Ziel wird die Befreiung des Gewerbes von administrativer Bevormundung sein. Aber wir dürfen, nachdem eine Fessel glücklich gelößt worden, nicht eine längst verrostete ältere wieder hervorziehen, deren Druck gerade das Einschreiten der Staatsverwaltung veranlaßte. Es wäre ein arger Fehlgriff, ein großer Irrthum, glaubte man den Schaden der Gegenwart dadurch heilen zu können, daß Zustände einer früheren Zeit in unsere Zeit herein versetzt, oder die noch vorhandenen Ueberreste derselben wieder belebt würden. Es ist leicht, in diesen Irrthum zu verfallen, denn die Erinnerung streift von den vergangenen Zuständen das Drückende ab, und erhält nur das Angenehme; daher sehen wir auch jetzt noch manche laudatores prisci temporis. Allein unsere Zustände sind nicht deshalb krankhaft, weil wir nicht mehr die geschlossenen kaufmännischen Corporationen, Krämer-Innungen, Handwerker u. s. w. haben; die Klagen der Gewerbtreibenden ertönen vielmehr am lautesten aus den Gegenden, wo noch Zünfte bestehen. Aus Bremen kam die erste Petition an den fünfziger Ausschuß, in Hamburg versammelte sich der Handwerker-Verein der die Grundlage der früher erwähnten Handwerker- und Gewerbe-Ordnung angegeben hat; aus Baden, aus Hessen, aber gerade aus dem Theile von Hessen, wo die Zünfte noch bestehen; aus Baiern, aber nicht aus Rheinbaiern; aus Frankfurt kommen Klagen, Anträge und Beschwerden. In allen diesen Ländern bestehen noch Beschränkungen im vermeinten Interesse des Handwerkerstandes.

„Die anderen Gewerbetreibenden, die Kaufmannschaft, die Urproducenten, die Fabrikarbeiter, haben sich überall in größerer Freiheit, was den Nahrungsstand angeht, bewegen können, und es hat nicht Eine Stimme aus ihnen Beschränkungen für ihre Gewerbthätigkeit verlangt. In der Einführung größerer oder neuerer Beschränkungen kann demnach nicht die Heilung der socialen Leiden unserer Zeit liegen. Der Grund der Leiden liegt tiefer: Unsere Zeit ist eine ganz andere geworden."

Fassen wir uns nunmehr unsere bestehenden Handel- und Gewerbe-Verhältnisse zusammen, so werden wir folgende 3 Kategorien finden:

I. Zunftrecht:

In Dörfern sollen nur Huf-, Grob- und Nagelschmiede, Wagner oder Radmacher, Zimmerleute, Maurer, Dachdecker, Töpfer und Ziegelbrenner, Schuhflicker, Bauernschneider, Lein- und andere Weber, ohne zünftig zu sein, geduldet werden. Wollen sie aber ihr Gewerbe zünftig mit Gesellen und Lehrjungen betreiben, so müssen sie sich in die Zunft aufnehmen lassen. Zunftordnung vom 5. März 1816 §. 14. Unzünftige Leineweber dürfen sich bei dem Betriebe ihres Gewerbes der Hülfe ihrer Kinder bedienen, auch sind sie nicht auf einen Webestuhl beschränkt. Beschluß der Regierung zu Cassel vom 6. Dezember 1821.

Ueberhaupt ist der Betrieb eines zünftigen Gewerbes auf dem Lande außerhalb und innerhalb eines Zunftbezirks mit Ausnahme der oben genannten Handwerker ohne Erlaubniß der Regierung, welcher das Recht zusteht, die Erlaubniß zu ertheilen, unstatthaft. Beschluß des Ministeriums des Innern vom 16. Febr. 1852., 18. Dezember 1853. Die Gestattung des unzünftigen Betriebs ist nicht von der Zunftinnung abhängig. Beschluß des Ministeriums des Innern vom 22. Mai 1852. Diese Vorschrift erleidet auf die Herrschaft Schmalkalden keine Anwendung. Zunftordnung §. 15. Verordnung vom 4. Januar 1832. I. 5. a.

In der Provinz Hanau sind die Bestimmungen der §§. 14. u. 15. der Zunftordnung nicht zur Anwendung gebracht worden, so daß nach den örtlichen Zunftbriefen dieser Provinz es innerhalb des ganzen Zunftbezirks einer Erlaubniß nach §. 15. nicht bedarf, innerhalb desselben aber auch der zunftfreie Betrieb nach §. 14. nicht stattfindet.

Krämerei soll in den Dörfern nur mit den dem Landmanne unentbehrlichen Waaren betrieben werden. In den dazu ertheilt werdenden Concessionen sollen die Artikel genau verzeichnet werden und die concessionirten Dorfkrämer dürfen sich keine Ausdehnung auf andere Artikel erlauben. Der Handel mit Kaffee und Zucker auf dem Lande ist durchaus verboten, wenn nicht davon dispensirt wird.

Mit Flickarbeit den Lebensunterhalt zu suchen, soll Denen, welche keine andere Erwerbsquelle haben, unverwehrt sein. Nach §. 11. der Zunftordnung ist durch eine Nachweisung der Arbeitsgeschicklichkeit diese Berechtigung nicht bedingt. Beschluß des Ministeriums des Innern vom 25. Oktober 1835.

Diejenigen, welche unbefugt den Betrieb eines Gewerbes sich anmaßen, sollen ihr Handwerkszeug und ihre ihnen eigenthümliche

Waare verlieren. Wo dieses nicht angeht, bleibt die Strafe dem Ermessen des Richters überlassen.

Bei beharrlicher Fortsetzung der Eingriffe in die Zunftrechte kann auf Wegweisung aus dem Zunftbezirk erkannt werden. Zunftordnung §§. 175. und 179. Ausschreiben des Staatsministeriums vom 29. Dezember 1822.

Was den Umfang des Zunftzwanges anbelangt, müssen wir erwähnen:

1) Auf Zweige des Gewerbfleißes, welche früher keinem Zunftzwang unterworfen waren, desgleichen auf Arbeiten, welche Jemand für Andere ohne Vergeltung seiner Mühe oder für sich und seine Familie selbst verfertigt oder für dieselbe durch seine Dienstleute verfertigen läßt, soll die Zunftordnung niemals ausgedehnt werden. Zunftordnung §. 6.

2) Von derselben sind ebenfalls ausgenommen:

    a) die Großhändler;

    b) Spediteure;

    c) Fabrikanten und Manufacturisten, d. h. diejenigen, welche rohe Stoffe im Großen in Gegenstände von anderer Form und Eigenschaft verwandeln und in der Regel solche auch im Großen nur verkaufen dürfen. (Eine Waare wird dadurch, daß sie zu den Arbeiten eines zünftigen Gewerbes gehört, von den zum Fabrikbetriebe zulässigen Arbeiten nicht ausgeschlossen.) Auch darf der Fabrikant Gehülfen annehmen, welche das betreffende Gewerbe zünftig erlernt haben; doch wird die Zeit, welche ein solcher Gehülfe in einer Fabrik zugebracht hat, ihm auf die Gesellenjahre nicht in Zurechnung gebracht. Beschluß des Ministeriums des Innern vom 21. Mai 1838. — Als Fabrikant kann Derjenige nicht betrachtet werden, welcher von Handwerksmeistern in der Werkstätte derselben Waaren anfertigen läßt und solche verkauft. Beschluß des Ministeriums des Innern vom 15. Januar 1833.

    d) Die Künstler, wozu auch Uhrmacher gezählt werden. Beschluß des Ministeriums des Innern vom 27. Juni 1825. Zunftordnung §. 7.

3) Das Publikum darf bei jedem Meister ohne Rücksicht auf Zunftbezirk Arbeit bestellen und die hiernach bestellte Arbeit darf überall und zu jeder Zeit eingebracht werden. Zunftordnung §. 18. Diese Berechtigung bezieht sich auch auf das Ausland. Beschluß des Ministeriums des Innern vom 11. Dezember 1823.

4) Meister der Bauhandwerke dürfen auf Bestellung auch außer dem Bezirke ihrer Zunft arbeiten, in Cassel jedoch nur unter den im §. 177. der Zunftordnung angegebenen Voraussetzungen.

5) Den Meistern ist es unverwehrt, auch solche Waaren und Arbeiten zu verfertigen, welche dem Handwerke, wozu jene gehören, zwar nicht ausdrücklich, doch auch nicht anderen Handwerkern ausschließlich beigelegt sind. Auch dürfen sie neben ihrem Handwerke unzünftige Geschäfte jeder Art, insofern zu deren Ausübung keine besondere Concession oder obrigkeitliche Erlaubniß erforderlich ist oder sie damit versehen sind, betreiben. Zunftordnung §. 178.

6) Armen- und andere Wohlthätigkeits-Anstalten sind berechtigt, denjenigen Gesellen und Andere, welche sie ganz oder zum Theil verpflegen, zu Handwerks-Arbeiten für die Anstalt selbst zu benutzen. Zunftordnung §. 180.

7) Solche ebenerwähnte Handwerker, sowie die bei Staats-Anstalten oder bei Regimentern angestellte Handwerker dürfen für eigene Rechnung an das Publikum zünftige Arbeiten nur dann liefern, wenn sie das Meisterrecht erlangt haben. Zünftige Meister aber können ihnen Arbeit geben. Zunftordnung §. 181.

8) Den Zunftgenossen stehen diejenigen Arbeiten, welche zu ihrem Gewerbe im weitesten Umfange gehören, mit allen beliebigen Werkzeugen frei, sowie ferner der Ankauf und jede Vorbereitung der dazu nöthigen Urstoffe, die Verfeinerung, Färbung und sonstige Zubereitung, dergleichen der Absatz nicht allein der Arbeiten, sondern auch der rohen Materialien ihres Handwerkes, ohne irgend eine zünftige Verhinderung, jedoch auch ohne ein zünftiges Vorkaufsrecht. (Diese Befugniß gibt

6*

jedoch kein ausschließliches Recht zu diesem Handel wie der Kaufleute und Krämer. Beschluß des Ministeriums des Innern vom 31. Mai 1838.) Zum Handel mit den zum Gewandschnitte gehörenden Ellenwaaren, mit Colonialwaaren oder mit den Gegenständen besonderer Concession soll aber aus dieser Bestimmung keine Ermächtigung der Handwerker zum Nachtheile der zünftigen Kaufmannschaft oder der anderen besonders berechtigten gefolgert werden. Regierungs-Ausschreiben vom 17. Oktober 1818. Art. 5.

9) Die Zunftbezirke (§§. 175. und 183. Zunftordnung) sind durch Ausschreiben des Staatsministeriums vom 18. August 1828. der Art bestimmt worden, daß sie der Regel nach den ganzen Bezirk des Untergerichts, Polizei-Commission umfassen, jedoch nach wie vor ohne diejenigen Orte, welche vom Sitze dieser Behörde über eine Meile (26000 Fuß) entfernt sind, soweit nämlich diese Orte zum Bezirke der Zunft nicht gehörten. Eine Aenderung in der Einrichtung der seitherigen Land-, Provinzial- oder dergleichen Zünfte ist jedoch dadurch nicht eingetreten. Beschluß des Ministeriums des Innern vom 24. Januar 1844.

In den Fällen, wo ein Handwerk außerhalb des Bezirks der betreffenden Zünfte betrieben werden soll, bedarf es dazu keiner Erlaubniß hinsichtlich des Zunftwesens, indem außer den Zunftbezirken die Betreibung der Handwerke keinem zünftigen Zwange unterliegen. Regierungs-Ausschreiben vom 17. Oktober 1818. Art. 6. Ministerial-Beschluß vom 6. November 1823. Beschluß des Ministeriums des Innern vom 9. Juni 1829. Jedoch schließt diese Vorschrift aus, daß städtische Gewerbe in Landgemeinden, welche zu keinem Zunftbezirke gehören, nur nach vorgängiger Dispensation betrieben werden können. Beschluß des Ministeriums des Innern vom 31. März 1837 und 29. April 1837.

10) Die in den Dörfern geduldeten Handwerker müssen, wenn sie ihr Gewerbe mit Gesellen und Lehrjungen betreiben wollen, sich vorher in die Zunft aufnehmen lassen. Zunftordnung §. 14. Auf den Handwerksbetrieb am Wohnorte sind dieselben

nicht beschränkt, wohl aber nur in Dörfern zu arbeiten befugt. Beschluß des Ministeriums des Innern vom 24. Juni 1840. Solchen Handwerkern steht jedoch die Befugniß, ihr Gewerbe mit Gesellen und Lehrlingen — zünftig oder unzünftig — zu betreiben, nicht zu. Doch schließt dies nicht aus, daß mehrere solcher Handwerker sich zu einer gemeinschaftlichen Arbeit vereinigen können. Beschluß des Ministeriums des Innern vom 28. Juni 1852.

Es kann meine Aufgabe hier nicht sein, nunmehr auch noch alle Strafandrohungen, welche gegen Lehrlinge, Gesellen und Meister bei Uebertretung der Zunft-Vorschriften bestehen, hier darzustellen. Namentlich ist dieser Strafcodex sehr reichhaltig ausgestattet in Beziehung auf die Gesellen, welche allen erdenklichen Polizei-Plackereien unterworfen sind. Sowie der Lehrling zum Gesellen gestempelt ist und das Wanderbuch, als unteren Grad der Legitimationen, im Gegensatz gegen Paßkarte und Paß erhalten hat, steht er unter polizeilicher Aufsicht und seine persönliche Freiheit ist nach allen Richtungen nicht sehr gewährleistet. Ich habe dieses Kapitel schon mehrfach behandelt und kann es hier füglich übergehen. Bemerken will ich nur, daß bei dem höheren Bildungsgrade, der auch in diesen wichtigen Theil des Volkes gedrungen ist, alle Wege und Mittel eingeschlagen werden, um sich diesen Belästigungen zu entziehen. Es ist dieses ein Grund mit, weshalb sehr häufig der losgesprochene Lehrling Alles aufbietet, um sofort als Arbeiter in eine Fabrik einzutreten, die sein erlerntes Handwerk bedarf, da er außerdem noch die Aussicht erhält, früher einen eigenen Heerd gründen zu können.

Neben diesen zünftigen und unzünftigen Gewerben, welche wir in dem Vorhergehenden haben kennen lernen, wollen wir nunmehr zur besseren Uebersicht auch diejenigen Gewerbe aufführen, welche dem Concessionszwange unterliegen oder nicht unterliegen, d. h. zu deren Ausübung eine Concession oder ein Privilegium erforderlich oder nicht erforderlich ist.

Für concessionspflichtig sind ausdrücklich erklärt worden: 1) Abdeckergewerbe. Gesetz vom 26. Februar 1841. 2) Agenturen von Mobiliar-Versicherungs-Gesellschaften. 3) Apothekergeschäft. Medicinalordnung vom 10. Juli 1830. 4) Arzneihandel. 5) Die Anlegung neuer Bierbrauereien. Verordnung vom 26. Mai 1815. 6) Bierschenken. 7) Das Halten öffentlicher Billards. 8) Branntweinbrennerei. 9) Branntweinschenken. 10) Chemische Fabriken. 11) Dorfkrämereien. 12) Eisenhandel. 13) Essigbrauerei. 14) Gips-, Kalk- und andere Steinbrechen, Gipsmahlen und Stampfen. 15) Hökerhandel. 16) Kalkbrennerei. 17) Kammerjägerei. 18) Das Halten öffentlicher Kegelbahnen. 19) Der Handel mit Leinengarn. 20) Lotterie und Lotterie-Collecteure. 21) Mäklergeschäft. 22) Materialisten. 23) Mühlengewerbe. 24) Nothhandel der Israeliten. 25) Pottaschen-Siederei. 26) Sandgraben. 27) Handel mit Schießpulver. 28) Schiffer auf der Weser. 29) Schornsteinfeger. 30) Schweineschneiden und Pferdelegen. 31) Speisewirthschaft. 32) Steinbrechen, Sand- und Thongraben. 33) Tabacksfabrikation. 34) Tabackshandel. 35) Theer- und Pechbrennen. 36) Wasenmeister. 37) Weinhandel und Weinschenken. 38) Wirthe. 39) Ziegelbrennereien.

Diejenigen Concessionen, welche von Standes- oder Gerichtsherrschaften, von Städten, Anstalten oder sonstigen Privatberechtigten ausnahmsweise kraft bisheriger besonderer Befugniß ertheilt werden, müssen der Polizei-Commission (jetzt dem Landrathsamte) vorgelegt werden, dieselben erhalten nicht eher Gültigkeit, als nachdem diese Behörde darunter bescheinigt hat, daß dieselben ordnungsgemäß befunden worden seien.

Folgende Gewerbe sind in den Landesgesetzen ausdrücklich für solche erklärt worden, zu deren Ausübung eine Concession nicht erforderlich sei:

1) Der Handel mit Asche. Ausschreiben des Staatsministeriums vom 30. März 1824.

2) Der Pferdehandel. Verordnung vom 14. Februar 1818.

3) Den Frauenspersonen ist es gestattet, Frauenputz und Frauenkleider zu verfertigen und solches Anderen ihres Geschlechtes zu lehren. Zunftordnung vom 5. März 1816.

4) Die Seifenſiederei. Regierungs-Ausſchreiben v. 14. März 1818.

5) Der Handel mit Seidenwaaren. Beſchluß des Miniſteriums des Innern vom 13. Oktober 1835.

6) Der Handel mit Getreide in ſeinem vollen Umfange. Regierungs-Ausſchreiben vom 13. Auguſt 1818. Ausſchreiben des Miniſteriums des Innern vom 1. September 1852.

Ueberblicken wir das bisher Geſagte, ſo wird ſich auch nicht ein ausſchließliches Recht irgend eines Gewerbes mehr finden, welches unumſtößlich feſt ſteht. Daß namentlich die Erlaubniß zum Betriebe eines zünftigen Gewerbes auf dem Lande mehr ertheilt wird als in früheren Zeiten, dazu haben die Zünfte die Regierung ſelbſt indirect gedrängt, indem ſie Lehrlinge vom Lande in unverhältnißmäßiger Anzahl annahmen und zu Geſellen ausbildeten. Wollten dieſe nachher ſich als Meiſter in einer Stadt niederlaſſen, dann ward die Aufnahme beharrlich verweigert. Was ſollte nun aus dieſen Leuten werden? Sollten ſie, da ſie die Lehr-, Geſellen- und Wanderjahre durchgemacht hatten, nunmehr als Tagelöhner ihre Exiſtenz friſten? Die Meiſter hätten dieſe Fragen ſich früher beantworten müſſen, wenn ſie den ſtädtiſchen Gewerbebetrieb hätten erhalten wollen. — Auf dem Wege der Dispenſation und Conceſſion iſt Alles zu erlangen, es verſteht ſich nur von ſelbſt, daß Niemand einen Rechtsanſpruch darauf hat, ſondern es von der Interpretationskunſt der Verordnungen, der Gunſt und der Gnade abhängt. Daher iſt es auch vorgekommen, daß N. Z. als Bäckerlehrling aufgedungen ward und ſchließlich es bis zum Kiefermeiſter brachte, nachdem er von den Lehr-, Geſellen- und Wanderjahren dispenſirt ward und nur das Meiſterſtück anzufertigen brauchte, d. h. mit Hülfe Anderer herſtellte.

Aus der Darſtellung der Entſtehung der Fortbildung und des Verfalles der Zünfte wird hoffentlich der Beweis erbracht ſein, daß dieſelben weiter nichts waren als gleich dem Feudal- und Adelsweſen, ein aus dem Mittelalter ererbtes Inſtitut, welches ſeiner Zeit gute Dienſte geleiſtet hat, aber, gleich ſo vielem Anderen

was aus jener Zeit, der gesellschaftlichen Rohheit, auf uns gekom=
men, für den jetzigen Stand der Civilisation nicht mehr paßt.
In einer Zeit wo die Erkenntniß eine allgemeine geworden ist, daß
das Volk nicht der Fürsten wegen, der Bauer nicht des Adels
wegen da sei, wird es doch Niemanden einfallen, behaupten zu
wollen, daß das Publikum der Zünfte wegen da sei.   Das haben
die Zünfte aber auch selbst anerkannt und begriffen und haben das
bewiesen, daß sie namentlich die in Kassel den ersten Impuls zur
Schaffung unserer Verfassung von 1831 gaben, daß sie von da an
direct und indirect mitwirkten, daß die Institutionen des Mittel=
alters im Bauernstand wegfielen, daß das Feudal= und Lehnwesen
und der Mühlenbann beseitigt wurden und nun steht dieser allbe=
wältigende Geist der Zeit vor ihrer eigenen Thüre und verlangt,
daß man sich ihm unterordnet.   Daß in der Entwickelungsgeschichte
der Menschheit derselbe seine Berechtigung hat, daß derselbe nicht
etwa ein Sprung in der Geschichte ist, sondern daß es so kommen
mußte, wie es gekommen ist, daß hier nicht freiheitsschwindlerische
Redensarten vorliegen und s. g. theoretische Volksbeglücker nur
ihre Stimmen erheben, das zu beweisen halte ich noch für Schul=
digkeit.

Die Geschichte der Arbeit steigt mit der Kulturstufe der Mensch=
heit selbst.   Der im Naturzustand lebende Mensch arbeitet nicht.
er läßt sich die nährenden Früchte so zu sagen in den Mund
wachsen.   Erst das erwachenden Bedürfniß wahrer und besserer
Nahrung schützender Bekleidung und Wohnung drängt ihn zur
Arbeit.   Die erste Arbeit ist eben so dürftig als er selbst, die
bloße Hand oder ein Stock (Holz) dient ihm um die Erde aufzu=
wühlen und sie geschickt zu machen, zur Aufnahme der Saat, für
zu erzielende Früchte.   Ein roher Stein wird zur Körner zermal=
menden Mühle.   Anfänglich arbeitet ein und derselbe Mensch alles
was er zu seiner Erhaltung bedarf selbst, wie jedoch überhaupt
einmal geweckte Bedürfnisse immer neue erzeugen, so steigt auch
allmählig das Bedürfniß der Arbeit und mit der Zunahme der=
selben, beginnt der natürliche für die fernere Entwickelung der

Menschheit zu folgenwichtige Proceß der Arbeit und so steigt diese mit der Kultur der Menschheit selbst.

Mit dieser Hand in Hand geht die Vermehrung und Verbesserung des Arbeits-Geräths unaufhaltsam zu. Als das einfache Geräth nicht mehr genügte, da setzte man mehr Geräthe zusammen, in ein die Arbeit aller einzelnen Geräthe gleichzeitig verrichtendes Ganzes und — die Maschine war erfunden. —

Die natürliche Logik des Menschen macht die begreifliche Schlußfolgerung, daß ein Spaten von Eisen den Menschen in den Stand setzt, noch mehr Arbeit zu verrichten, als mit dem hölzernen. Daß ein durch Menschenhand in Bewegung gesetzter Pflug mehr Arbeit verrichtet als ein durch Menschenkräfte in Bewegung gesetzter Spaten von Eisen, daß ein von einem Pferd oder Ochsen gezogener Pflug zehnmal so viel Arbeit beschafft, als ein von einem Menschen gezogener; daß ein durch eine Dampfmaschiene gezogener Pflug hundertmal so viel Arbeit verrichtet, als ein von Pferden oder Ochsen in Bewegung gesetzter.

Die erste Bewegungskraft der Arbeit beschaffenden und Arbeit ersparenden Maschiene ist die Kraft der Menschenhand, und wenn diese nicht mehr ausreicht, dann sieht sich der Mensch nach Hülfe um und macht sich die Naturkraft und die Thierkraft dienstbar. Würde dies Verhältniß nicht stattfinden, so würde der Mensch, Jahrtausende auf ein und derselben Kulturstufe stehen geblieben sein, denn je mehr der Mensch sich von der rohen Arbeit durch weise Benutzung der Naturkräfte befreit, desto mehr wird er hervorbringen, destogeringer werden seine körperlichen Anstrengungen, destomehr wird er sich vervollkommnen können, in allen Wissen und um so näher wird er zu dem Ziele höchster menschlicher Kultur gelangen wo der Mensch zuletzt nur noch die Naturkräfte zu leiten hat. Ein augenfälliges Bild liefert uns die von zwei Menschen geführte Locomotive welche einen langen Wagenzug mit Menschen, Thiere und Gütern mit der Schnelligkeit des Windes dahin führt. Oder sollte man keine Ueberzeugung durch dieses Bild erlangt haben, daß die Zeit eine andere geworden, so vergleiche man einmal, eine Dampfpresse mit einer gewöhnlichen Handdruckerpresse. Diese liefert in der Stunde 100 bis 150 Abdrücke, während die

Erftere in drei Stunden 6000 Bogen bedruckt, bei welcher Riefen-
arbeit nur 16 Arbeiter fo viel als 6000 Arbeiter in gleicher Zeit
auf der Handpreffe. Genügt das noch nicht, dann befchaue man
fich ein Dampffchiff, welches die Verbindung mit der Alten und
Neuen Welt herftellt und diefe Tour in kürzerer Zeit zurückgelegt,
als ein Fußgänger zur Reife von Hamburg nach Wien.

Noch vor circa 70 Jahren ftanden die Baumwollen-Waaren
in England in einem fo hohen Preife, daß fie als Luxusartikel
nur von den Vornehmen und Reichen angefchafft wurden, heute ift
diefer Artikel fo billig, daß die ärmfte Volksklaffe ihn zu ihrer
täglichen Bekleidung verwendet und das in Ermangelung eines
wohlfeileren Stoffes und doch konnte vor 70 Jahren kaum der
zehnte Theil der jetzigen Fabrikarbeiter in der Baumwollen-Manu-
factur Befchäftigung finden.

Dies find Thatfachen die fich nicht wegläugnen laffen, und
die hinlänglich bekunden, daß ein anderer Zeitabfchnitt begonnen
hat. Unfere Staaten, fagt Welker, find nicht wie die der Alten
auf den engen Raum einer Stadt, auf die kleine Zahl einer
ariftokratifch bevorzugten Bürgerklaffe und ihre feftbeftimmten Ab-
theilungs- und Zahlenverhältniffe, nicht auf engherzige Zunft und
Feudal-Genoffenfchaften, auf Alleinherrfchaft oder begünftigte Vor-
herrfchaft blos einer Lebensbefchäftigung auf eine fpartanifch für
immer abgefchloffene, einfeitige Lebensbeftimmung gegründet.

Unfere Staaten find große freie Nationalftaaten, gegründet
auf ein allgemeines freies Staatsbürgerthum aller Bewohner in
Stadt und Land mit gleicher Freiheit und Gunft für Alle und für
alle guten Lebensbefchäftigungen, für Landbau, Gewerbe und Handel,
für ihren freien Betrieb und Verkehr, endlich für eine allfeitig
freie und ftets fortfchreitende Entwickelung.

Aus unferer bisherigen Darftellung haben wir gefehen, daß
die Bewohner des platten Landes in gewerblicher Beziehung fowohl
als auch noch in Lebensgewohnheit und Anfchauuung als auch
wohl in Sitte und Kleidung fich von denen der Städte unter-

scheiden. Wir haben ferner gesehen, daß dieser Unterschied seinen Grund in den Evolutionen des Mittelalters hat, wo der Städtebewohner hinter Wall und Mauer als eine streng abgesonderte Kaste allein berechtigt war, Handel und Gewerbe zu treiben. Er mußte sich gegen das platte Land nothgedrungen abschließen, um sich erforderlichen Falls gegen die Angriffe der Bewohner desselben, so wie der Raubritter deren gehöriger Bauern und Leibeigenen sich erwehren zu können. Es ist das die Zeit des in Deutschland herrschenden Faustrechts, wo noch das Sprüchwort Geltung hatte; „Raub ist keine Schande" und unzählige eifrige Verehrer und Anwender fand.

Es ist das die Zeit wo die Landstraßen so unsicher waren, daß kein Mensch ohne bewaffnetes oder schriftliches Geleit vom Kaiser oder Landesherrn reisen konnte, wo überall auf Straßen und in Wäldern Raubritter und Wegelagerer lauerten um die Wanderer anzufallen, zu plündern und zu mißhandeln. Und wie auf der einen Seite der freie Bürger geschützt und bevorzugt, theils durch Privilegien vom Kaiser und Reich, theils durch selbst angemaßte Rechte immer mehr zunahm an Wohlstand, Selbstbewußtsein und Kultur, so mußte der Bewohner des schutzlosen platten Landes der meistens als unfreier Höriger eines adeligen Herrn war, nach und nach ganz versinken in Armuth, Unwissenheit und Rohheit, da die wenigen geistigen Kräfte welche unter ihm auftauchten alles aufboten, um gleiche Rechte mit dem beneideten Städtebewohnern zu theilen. So kam es denn, daß man den Stand der Städte-Bürger für einen geachteten, und den Stand der Bauern für einen untergeordneten hielt, wovon dann wiederum die natürliche Folge war, daß diese beiden Stände als streng von einander gesonderte Kasten, nur nothgedrungen mit einander verkehrten und in diesem gezwungenen Verkehr einen Groll gegeneinander zeigten, der wie erbliche Krankheit von Geschlecht zu Geschlecht in den schroffen Gegensätzen fortwährend oft in bitterem Haß aufloderte und im sogenannten Bauernkriege seinen Culminationspunkt erreichte. Die zehn Punkte, welche die Bauern damals verlangten, wird ihnen dermalen Niemand wohl streitig machen. Ja man mußte noch weiter gehen, indem man ihnen 1815 auch die Landstandschaft einräumte. Die Nachwehen dieser unseligen Spaltung werden, obwohl die Ursache derselben nebst dem so hoch gepriesenen Mittelalter längst verschwunden sind, dennoch mehr oder weniger empfunden. Die Ursache aber liegt in Verhältnissen, welche in unterlassener Rechnungstragung der Ideen der Neuzeit in Bezug, namentlich auf das Gewerbewesen und die verkehrte Stellung des Landmanns und des Städters neben einander zu suchen sind, obgleich die Verhältnisse total umgekehrt geworden sind. So wie man früher vom „armen Land“ redete, so kann man jetzt füglich „arme Stadt“ sagen. Unsere Landstädte sind unter den dermaligen Verhältnissen im Nachtheil. Bei Verdoppelung und Verdreifachung des Werths der ländlichen Produkte, und somit des Werths des ländlichen Grundbesitzes, sind überhaupt die Abgaben des Landmannes im wesentlichen unverändert geblieben. Wohingegen die Steuern des Städters neben den, durch die Theuerung der unentbehrlichsten Lebensbedürfnisse herbeigeführten, größeren Ausgaben von Jahr zu Jahr gestiegen sind und den Werth des städtischen Grundbesitzes zu oft tiefem Fallen brachte. Die verbesserten Verkehrsmittel haben auch zum Verfall der Städter beigetragen, indem sie einer früheren Erwerbsquelle derselben, den Zwischenhandel mit ländlichen Producten andere Bahnen anwiesen und somit wenigstens den kleineren Städten entzogen.

Der Landmann führte seine Produkte den größeren Städten zu und bezieht von denselben wiederum seine Bedürfnisse. Auch die Bedürfnisse an Erzeugnissen des Handwerks kann der Landmann gegenwärtig meistens im eigenen Dorfe befriedigen und zwar billiger als in der Stadt, weil der Landhandwerker nicht die schweren Lasten des Stadthandwerkers zu tragen hat und da er seine Kunden billiger bedienen kann als Letzterer. So ist es dahin gekommen, daß der Landmann des Städters, des Kleinstädters fast nicht mehr bedarf. Ueberdies wird das Leben dem gewerbtreibenden Kleinstädter noch dadurch erschwert, daß, während die Produkte des Landmanns sowie die Rohmaterialien des Handwerkers überhaupt immer theurer geworden, die Preise vieler Handwerks-Erzeugnisse fast noch immer dieselben der alten wohlfeilen Zeit geblieben sind und zum Theil wegen der Concurrenz mit den wohlfeiler producirenden Landhandwerkern auch schwer gesteuert werden können.

Bei solchen Verhältnissen ist es erklärlich wenn der gewerbtreibende Bürger im Gefühle seiner allerdings peinlichen Lage, die im Grunde ganz natürliche Wirkung der veränderten Zeitverhältnisse lediglich als die Ursache alles Uebels betrachtet und im Unmuthe eigentlich darüber, daß er unterließ, der neueren Zeitrichtung die schuldige Rücksicht zu geben, alle Schuld dem wahrhaft unschuldigen Landmann aufbürdet der mitunter unbewußt, man kann fast sagen instinktmäßig sich im Strome der neuern Zeitverhältnisse befindet und fortbewegt. Auf der andern Seite aber, und das wollen wir nicht verschweigen, haben die kleinen Landstädte ihr Schicksal zum Theil selbst verschuldet, indem sie zur Hebung des städtischen Betriebs und damit des Wohlstandes so wenig thaten, daß man ihre gegenwärtige Lage als eine natürliche Folge der Art und Weise ihres Städtelebens anzusehen gezwungen wird. Nirgends ein Fortschritt, außer in dem Luxus, der eigentlich eine nicht zu verdammende Wirkung des Wohlstandes sein soll, wenn er aber dem Wohlstande überbietet, nach allen Seiten hin verderblich wird.

Die Abgeschiedenheit, Kastengeist und das in neuerer Zeit so vielfach gerühmte Standesbewußtsein, wo man bei jeder Gelegenheit von oben herab, einem Niederen zurief: „Schuster bleib bei deinen Leisten" haben das ihrige dazu beigetragen. Es kann nicht gleichgültig sein, wenn die kleinen Städte den großen Städten nur in den moralischen Cloaken, nicht aber in der Einnahme-Quellen nachzuahmen sich bestreben, welche gespornt durch Hülfe, welche die Wissenschaft den Gewerben angedeihen ließ, zu einem erneuten freien Leben erwacht sind. Daneben glaubt man die Zeit aufhalten zu können, wenn die Zunft nur von ihren Genossen ein zunftmäßiges Erlernen des Handwerks und nach jahrelanger Lehrzeit und zurückgelegter Wanderzeit des Gesellen, die Beschaffung eines Meisterstücks verlangt. Hat der zünftige Handwerker alle diese Bedingungen erfüllt, dann ist er freilich Meister, gleich anderen, aber die Zunft gibt ihm nun zum Lohne für Fleiß, Mühsal, Trübsal, Geld und Zeitaufwand nichts weiter als das Recht, wiederum den-

selben Zwang in den Grenzen der Zunft auszuüben, dem er einst
als Lehrling und Gesell sich hat unterwerfen müssen. Der Staat
thut dann freilich auch noch ein Uebriges, er schützt den zünftigen
Handwerker gegen die allerdings im Urrecht des Menschen berech-
tigte Gleichberechtigung des unzünftigen Handwerks, indem er diesen
gestattet, entweder ohne Gesell und Lehrling zu arbeiten, oder unter
irgend einem Vorwand, sich als Fabrikant zu geriren, wo ihm
dies Hinderniß gar nicht mehr in den Weg tritt, ja es ist so weit
gekommen, daß das zünftige Meisterrecht noch dadurch rentabel
gemacht wird, daß irgend Jemand die Firma des zünftigen Meisters
benutzt, um auf diese Gesellen und Arbeiter in beliebiger Zahl
zu halten, während dem zünftigen Meister noch nicht einmal das
Recht zusteht, den geringsten Einfluß auf eine solche Werkstätte
auszuüben. Es ist dieses freilich weiter nichts als eine Umgehung
des Gesetzes, aber sie wirkt um so nachtheiliger auf das Ganze,
als sie die einen demoralisirt und sie dem gewöhnlichen Schlendrian hingibt, während der Andere, der schlau genug ist, die
Zeitverhältnisse zu begreifen, den alleinigen Vortheil zuschiebt,
Ein solcher Zustand ist völlig unhaltbar und je länger er andauert.
und jemehr das Streben einreißt, wodurch die jüngeren Kräfte
namentlich sich emanzipiren, ohne das betreffende Gesetz abzuwarten,
je gefährlicher wird dieser ganze Zustand für den Staat selbst, indem er nirgends mehr eine gesetzliche Schranke hat, um die socialen
Zustände überblicken zu können. Er wird nur von allen Seiten
mit Beschwerden und Bittschriften, die allesammt und sonders eine
individuelle Anschauung tragen, behelligt werden können. Es wird
sich dadurch wie die Juristen zu sagen pflegen: „eine Praxis bil-
„den," die nachher auf Erfahrung gestützt, zusammengefaßt in ein
Gesetz gebracht werden muß, allein ich glaube die Zeit ist längst
ereilt und ein jeder vernünftiger Handwerker welcher im Stande
ist, seine Lage wie sie sich aus der Geschichte gebildet hat, übersehen zu können, muß unumgänglich, wenn er sich selbst nicht untreu
werden will, offen und ehrlich das Bekenntniß ablegen, sowie die
Zustände aus dem Mittelalter herausgewachsen und sich bis auf
unsere Tage, wenn auch mit mancherlei Modifikationen übertragen
haben, sind unhaltbar, und müssen anderen Platz machen.

Wir leben in einer Zeit die viele Erscheinungen bietet, wie die der Reformation und welche wir nicht unbeachtet lassen dürfen, wollen wir nicht in einen Strudel gezogen werden, der uns verschlingt. .

Ein gänzlicher Umschwung aller volkswirthschaftlichen Verhältnisse fand auch damals statt. Die menschliche Gesellschaft war im Uebergange zu einer neuen Periode. Alle Verhältnisse hatten sich geändert und hatten die Geister in Aufregung versetzt. Sie bezeichnete die Morgenröthe eines neuen Tages. Die Reformatoren Luther, Melanchton 2c. beschäftigten sich nicht blos mit der Reformation der Kirche, sondern wie man sich jetzt ausdrücken würde, auch mit der socialen Frage, wie ihre Schriften hinlänglich beweisen. Es gab auch damals eine Masse Aerzte, welche die Krankheit zu heilen vorgaben, davon zeugen die große Anzahl von Schriften, welche erschienen und zum Theil noch auf uns gekommen sind. Die Hauptklagen gründen sich meistens auf die außerordentlich gestiegenen Preise aller Lebensbedürfnisse und die Forderung an die Gesetzgebung diesen zu steuern. Ueberhaupt treten Erscheinungen auf, die sich in unserer Zeit wiederholen und Zeugniß davon geben, daß auch wir in einer Periode leben, welche als Uebergang zu einem neuern Zeitabschnitt in der Geschichte der Menschheit angesehen werden muß. Wer das nicht einsieht oder begreifen will, wird von dem Rad der Zeit ergriffen und zermalmt.

Jenes Verlangen kehrt um so öfter wieder, je weniger man die von 1500—1560 in Folge einer Geldentwerthung um fast 50 pCt. eintretende große Preisveränderung begriff. Man leitete dieselbe bald aus der Verabredung der großen Handelshäuser und Handelsgesellschaften, bald aus dem Wucher der Reichen, aus der Habsucht der Bauern und Gewerbsleute, aus dem Luxus, aus der verschlechterten Münze, auch wohl, wie in England, aus der Aufhebung der Klöster ab, wiewohl keine dieser vermeintlichen Ursachen auch nur einigermaßen jene merkwürdige Erscheinung zu erklären vermag, die vielmehr in dem Uebergang aus der Natural= zu der Geld= und Creditwirthschaft, aus der Umwandlung des Geldes aus einem todten Schatze in ein Umsatzmittel, aus der durch die Belebung der wirthschaftlichen Thätigkeiten bewirkten schnelleren Geld=

circulation, aus der Anwendung von allerlei Geldsurrogaten, also dem wachsenden Credite, endlich allerdings auch aus der vermehrten Masse der edlen Metalle, die theils aus Amerika kamen, theils aus dem verstärkten Betrieb der europäischen, besonders der deutschen Bergwerke gewonnen wurden, ihren Grund hatte und eben darum, wie selbst dem mit den wirthschaftlichen Vorgängen gänzlich Unbekannten einleuchten muß, durch eine gesetzliche Preistaxation nicht abzuwenden war.

Es bestätigt sich, daß die Abneigung gegen die großen Handels-Gesellschaften in der Reformationszeit allgemein war. Mit Ausnahme der großen Kaufleute selbst, die Mitglieder derselben waren, der Kirche und der Fürsten, die bald durch die Ertheilung von Privilegien, bald durch unmittelbare Theilnahme an jenen Geschäften Interesse hatten, waren alle Klassen der Gesellschaft gegen sie eingenommen. Der Adel äußerte sich noch in einer auf dem Reichstage zu Nürnberg im Jahre 1523 eingereichten Beschwerdeschrift bitter über die großen Handels-Gesellschaften, die den ganzen Unterhandel in ihrer Hand hätten, die die armen Kaufleute niederdrückten, die Preise steigerten, das Geld in großen Summen ausführten u. s. w. In diese Klagen stimmten auch die kleinern Kaufleute, die Gewerbtreibenden, die Bauern, die ärmeren Klassen in den Städten und auf den Dörfern mit ein. Dagegen waren in anderen Beziehungen die Interessen verschieden, so namentlich die der Städte und Landgemeinden. Die Städter beschwerten sich über den „Fürkauf- oder Unterhandel, der so zugenommen habe, daß alle Lebensbedürfnisse und sonstigen Handelsgegenstände bis zu Preisen gestiegen seien, die der arme Mann nicht zu bezahlen vermöge. Sie wollen deshalb, ein Jeder solle seine Verkaufs-Gegenstände auf offenem Platze selbst feilbieten. Zugleich beschwerten sich die Städter, „daß allerlei Handthierung und Kaufhandel Handwerk, Bräuen, Malzen und Schenken in Dörfern und Flecken auf dem Lande den Städten zu nahe aufgerichtet und den Städten dadurch der Handel entzogen werde.“ Die Bauern wollten dagegen, daß den Handwerksleuten eine Ordnung zu machen sei, wie sich Jeder mit der Belohnung halten solle; daß alle Brüderschaften und Zünfte der Handwerksleute mit ihren Ordnungen und Strafen abzuthun seien, da sie dem gemeinen Manne zu Schaden kämen, der oft keinen Handwerksmann, besonders Schneider, in sein Haus setzen dürfe. Die Landgemeinden verlangen sonach freie Bewegung für ihren Handel, während sie den der Städte beschränkt wissen wollen.*)

Man begeht eine große Ungerechtigkeit, wenn man, stets von der „alten guten Zeit" redend, behauptet, daß nur unsere Zeit an dem Schwindel und den Schwindeleien, sowie an dem Wucher im Geschäftsleben leide, daß dagegen unsere Vorfahren von dem Betruge und dem Sichbetrügenlassen nichts gewußt haben sollen. Die folgende, durch mehrere handschriftliche Urkunden als wahr bestätigte Geschichte mag als Antwort auf solchen Vorwurf dienen.**)

Conrad Rott, ein Kaufmann aus Augsburg, kam im Jahre 1578 nach Leipzig und versicherte, daß er mit dem Könige Sebastian von Portugal einen Vertrag abgeschlossen habe, welchem zufolge er, Rott, gegen eine große Menge Pfeffer dem Könige etliche hunderttausend Gulden zum Kriege in Mauritiana (Mauritanien) zu verschaffen sich verpflichtet habe. — Wie in Augsburg und Nürnberg, so auch in Leipzig und Dresden, wendete sich Rott an die vornehmsten Handelshäuser, um Geld zu erhalten, namentlich trat er mit dem Kurfürstlichen Kammermeister Hans Harren in Unterhandlung und versprach diesem goldene Berge, wie nicht minder einen sicheren Gewinn durch den Pfefferhandel in Leipzig. Nicht allein der Kammermeister, sondern auch der Kurfürst selbst schenkten diesem Menschen ein unbedingtes Vertrauen, in Folge dessen der Kammermeister ihm die Summe von hunderttausend Gulden vorschoß. — Nachdem nun Rott sich an verschiedenen Orten mehrere hunderttausend Gulden zu verschaffen gewußt hatte, schützte er vor, nach Portugal zurückkehren zu müssen, um durch seine Gegenwart den Erfolg der Unternehmung zu sichern. Um jedoch jeden Verdacht zu entfernen und dem Geschäfte den Anschein der Soli-

----

*) Darstellung der in Deutschland zur Zeit der Reformation herrschenden national-ökonomischen Ansichten, von Wiskemann, Seite 125.
**) Licht und Schatten, von Richard, Seite 283.

7

dität zu geben, wünschte er, daß der Sohn des Kammermeisters des Kurfürsten sowie andere Kinder vornehmer Leute ihn begleiten möchten. Der Rath zu Leipzig, völlig getäuscht, ließ mit großen Kosten ein schönes großes Gewölbe und ein Kaufhaus unter dem Gewandhause zur Niederlage und dem Verkaufe des Pfeffers erbauen und schleunigst vollenden, in welches bald ein ziemlicher Vorrath von Pfeffer gebracht wurde und durch welches Verfahren die Betheiligten vollständig bethört wurden. Dies geschah im Monat August 1578. Um diese Zeit starb Sebastian, König von Portugal. Da keine männlichen Erben vorhanden waren, nahm König Philipp von Spanien Besitz aller seiner Länder, wie nicht minder aller Pfeffervorräthe, in Folge dessen Rott erklärte: er sei genöthigt, sich sofort nach Spanien begeben zu müssen, um die Interessen der Betheiligten zu wahren. Die jungen Leute, deren bereits gedacht wurde, begleiteten denselben. Rott jedoch, um sie los zu werden, bestach einen Schiffscapitän, der, als das Schiff, auf welchem sie sich befanden, in einiger Entfernung von dem Lande war, das Fahrzeug umstürzen ließ, sich selbst aber nebst der Mannschaft auf einem Boote rettete. Die armen, jungen Deutschen fanden alle ihren Tod in den Meeresfluthen und Rott flüchtete mit seinem gestohlenen Gelde in ein Kloster, wo er eine Zeit lang als Unbekannter verweilte. „Und also," sagt die Handschrift, „fiel der Pfefferhandel zu Leipzig zu 'Brun und ward zu Wasser, dessen sich viel schämen mußten, vielmehr aber so mit dem Verlust interessirt vor Jammer und Betrübniß keine Ruhe hatten." — Einige Augsburger Handelsherren kauften für ungefähr hunderttausend Gulden die noch vorhandene Waare. Jene Betrügerei Rott's hatte jedoch noch viel schlimmere Folgen. Der über den bedeutenden Verlust und namentlich über dem Tod seines Sohnes sehr betrübte Kammermeister des Kurfürsten schloß sich am 16. Juni 1580 zu Dresden in der Silberkammer ein und schnitt sich Nachmittags halb zwei Uhr die Kehle ab. Dem damaligen Gebrauche gemäß wurde er Nachts 12 Uhr durch den Diebshenker zum Fenster hinaus auf einen Schinderkarren geworfen und unter dem Rabenstein verscharrt. Diese böse That mochte wohl ihren Grund in der Erfolglosigkeit der Schritte des Kurfürsten gehabt haben, der am 1. Januar 1580 einen Brief „an den Herzog" und an den Senat in Venedig geschrieben und demselben gemeldet hatte, daß der obgedachte Conrad Rott von Augsburg mit seinem Handel in Portugal mit allerhand Specereien „von der Thüringischen Societät auf der Messe zu Frankfurt ein großes Stück Geld aufgenommen habe. Da nun ein Schiff von Lissabon in Venedig eingelaufen sein sollte, worauf 200 Säcke Pfeffer (jenem Rott angehörig), so bäte der Kurfürst, selbige mit Arrest zu beschlagen, damit seine Unterthanen zu ihrem Gelde, wenn auch nur zum Theile, kommen möchten.

Ich schließe diese Darstellung mit dem Wunsche, daß sie dazu beitragen möge, dem Gewerbtreibenden auch in unserem engeren Vaterlande seine Lage zu veranschaulichen und klar zu machen, damit er begreife, daß dieselbe weder in dem Beharren bei der seither eingenommenen Stellung der Gleichgültigkeit oder Alles über sich ergehen zu lassen was da will, unter der nichtsnutzigsten Ausrede: wie's kommen soll, kommt es doch, oder des angeblichen Beharrens bei dem Alten, da es ihm schon längst unter den Füßen geschwunden ist, während er sich einbildet, noch darauf zu stehen, gebessert werden kann. Wenn es rings um uns tagt und ein anderer Geist die Völker belebt, und Alles regt sich und ist thätig, wie die Biene ihren Honig und Wachs heimset, dann können wir nicht als müßige Zuschauer sitzen bleiben.

> Bleibet nicht am Boden heften,
> Frisch gewagt und frisch hinaus!
> Kopf und Arm mit heitern Kräften,
> Ueberall sind sie zu Haus.
> Wo wir uns der Sonne freuen
> Sind wir jeder Sorge los!
>
> Göthe.

Druck von Baier & Lewalter in Cassel.

Berichtigungen.

Seite 26 Zeile 11 v. u. fehlt: „1. Kaufleute und Gewandschneider" und sodann hinter jeder folgenden Zahl ein Komma.

= 48 = 21 = = lies: „Ehelosigkeit" statt: Ehrlosigkeit.